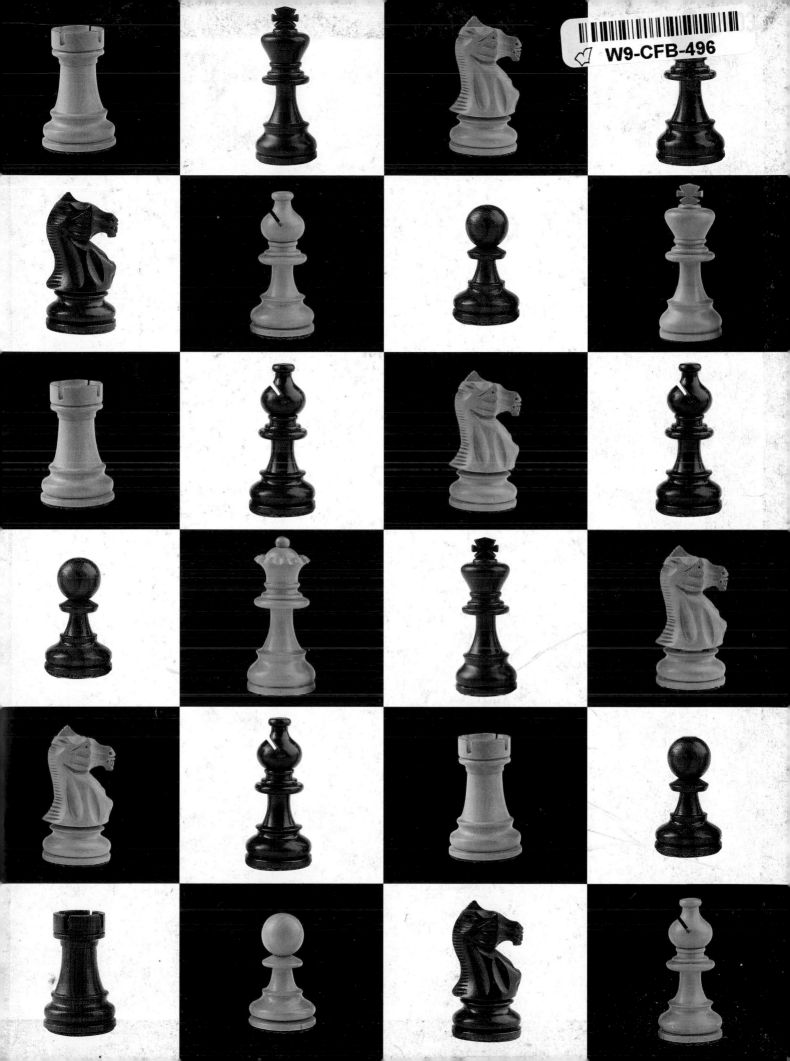

W9-CFB-496

AUG 2009

# JÓVENES JUGADORES DE AJEDREZ

Escrito por Michael Basman

EDITORIAL MOLINO

*Un libro Dorling Kindersley*

**Dirección**  Elinor Greenwood    **Dirección artística**  Marcus James
**Dirección de proyecto**  Mary Ling
**Dirección editorial ejecutiva**  Rachael Foster
**Grafismo digital**  Robin Hunter
**Fotografía**  Steve Gorton
**Diseño DTP**  Almudena Díaz
**Investigación fotográfica**  Andrea Sadler
**Producción**  Orla Creegan
**Traducción**  Rosa Roger

Copyright © 2000 Dorling Kindersley Limited

Reservados todos los derechos. No se permite reproducir, ni grabar, ni transmitir parte alguna de esta publicación
en cualquier forma ni por cualquier medio electrónico, mecánico, fotocopiado, grabación, etc...
sin permiso previo por escrito del titular de los derechos de autor.

Publicado en lengua castellana por
**EDITORIAL MOLINO**
Calabria, 166    08015 Barcelona

ISBN: 84-272-4974-8
Setiembre 2000

# Sumario

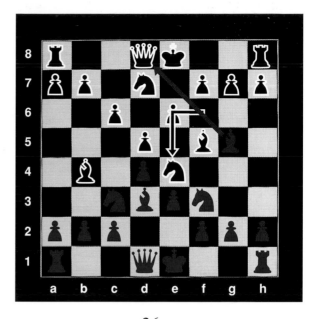

# A todos los jóvenes ajedrecistas

«E N TODO EL MUNDO crece la afición al ajedrez. Se acepta que es bueno tener una figura y una sonrisa atractivas, pero para jugar al ajedrez también se necesita cerebro. El ajedrez despierta, desarrolla y fortalece la agilidad de la mente, la potencia intelectual anímica en los negocios y en el estudio. No hay sensación más satisfactoria que la de derrotar a un hábil oponente. Pero, para ser un ganador, se precisa confianza, concentración y capacidad de aprendizaje (por medio de libros, vídeos, ordenadores y de las propias derrotas). Hubo un tiempo en que el ajedrez era un juego de reyes y nobles, pero en la actualidad lo puede jugar todo el mundo.»

*Michael Basman*

*«Juego al ajedrez desde que tenía 10 años y, desde entonces, ¡muy pocas veces he permanecido alejado de un tablero! Para mí, cada partida está llena de emoción y de desafíos.»*

*«Una alegre Rosalind Kieran y yo. Ella acababa de ganar la Megafinal Suprema para menores de 9 años, de la Daihatsu Kinghams de 1992. Siete años más tarde, Rosalind representaba a Inglaterra en el Campeonato Mundial Femenino.»*

*«Desde que me convertí en Maestro Internacional en 1981, me he dedicado a enseñar el ajedrez en las escuelas. En 1996, organicé el Campeonato de Ajedrez del Reino Unido. En el primer año ya atrajo a 23000 participantes y, en la actualidad, el número ha llegado a los 40000. En la foto estoy con «Scorpio» de los famosos «Gladiadores» y con los vencedores.»*

*«Aquí estoy jugando al ajedrez con una joven. Este deporte me ha hecho ganar muchos amigos. Me gusta mucho la amistosa rivalidad que despierta este juego».*

# Historia del ajedrez

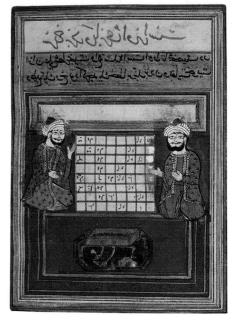

EL AJEDREZ TIENE UNA LARGA HISTORIA con al menos 1500 años de antigüedad. La piezas más antiguas encontradas hasta el momento proceden del siglo VI a.C. Es posible que se jugara antes de dicha fecha, pero no es seguro. El ajedrez actual procede del juego hindú *Chaturanga* que significa «cuatro lados» porque los ejércitos hindúes constaban de cuatro elementos: los carros, la caballería, los elefantes y la infantería. El último juego de guerra, el ajedrez, se basa en antiguos principios bélicos aplicables todavía al juego que se practica en todo el mundo.

## Ajedrez chino
Hay una estrecha relación entre el ajedrez y el juego chino del *Hsiang Chi* (que significa «el juego del elefante») aún muy popular en China. Se ignora la fecha en que se inventó.

## El ajedrez se traslada a Occidente
El juego del ajedrez se popularizó con la abertura de los mercados comerciales entre el Lejano Oriente y Persia, en el siglo X. En su periplo por la Ruta de la Seda, los mercaderes árabes solían llevarlo consigo y, como resultado, entró en Europa de la mano de viajeros y comerciantes.

## La partida del siglo
Los rusos son los maestros del ajedrez mundial desde 1948. Sin embargo, Bobby Fischer, el «chico de Brooklyn», abatió a la Unión Soviética cuando derrotó al campeón mundial, el ruso Boris Spassky, en Reykjavik, Islandia, en 1972.

*Bobby Fischer*

*Boris Spassky*

## Un crecimiento espectacular del interés por el ajedrez
Hasta el siglo XIX, al ajedrez se le conocía como «el juego de los reyes», a causa de su popularidad entre las clases elevadas. Sin embargo, en el siglo XX miles de personas empezaron a interesarse por este juego.

## Jóvenes campeones
Históricamente, el ajedrez lo han jugado por igual jóvenes y adultos, pero sólo ahora existe una auténtica oportunidad para todos los niños que lo deseen. Aquí, Luke McShane practica sus movimientos durante el Campeonato Mundial para menores de 10 años.

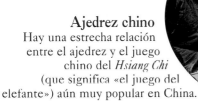

*Sofia Polgar, una de las tres brillantes hermanas Polgar.*

## También las mujeres se ponen a prueba
Antes de que la familia húngara Polgar irrumpiera con su presencia en la escena ajedrecista, se creía que las mujeres no tenían capacidad para jugar al ajedrez. Sin embargo, las hermanas Polgar –Susana, Sofía y Judit– demostraron que no era así cuando Judit, la menor, a los quince años se convirtió en el Gran Maestro más joven al batir el récord del increíble Bobby Fischer.

# Las piezas

E L AJEDREZ consta de 32 piezas y un tablero. Éste representa un campo de batalla pero sin valles, montañas, construcciones, ríos o árboles tras de los que ocultarse. Esto significa que puedes controlar los acontecimientos de la batalla mucho mejor que cualquier general. Las piezas representan los ejércitos enfrentados, pero con el mismo número de efectivos por cada parte, de modo que la partida se juega en igualdad de oportunidades. El modo como mueves tus piezas determina la posible victoria o derrota.

*Las columnas son hileras verticales que van de un jugador a otro. Aquí la columna de un lado es azul.*

*Aquí, la diagonal del centro, viene marcada por las casillas rojas.*

*Las filas son las hileras horizontales del tablero. Aquí, la primera es verde.*

## Tu ejército

Las piezas del ajedrez son de varios tamaños y formas. Pero las piezas más comúnmente utilizadas son las del estilo Staunton, las que aparecen en los ejemplos de este libro. Los componentes de ambos ejércitos se llaman «piezas». En tu ejército tienes un rey, una reina (llamada también «dama»), dos alfiles, dos caballos, dos torres y ocho peones. (Nota: a veces, algunos jugadores se refieren a los peones como elementos distintos de las «piezas», es decir, del rey, la reina, los caballos y las torres, aunque técnicamente lo sean todos.)

## El campo de batalla

Las hileras de casillas horizontales tienen un nombre específico, se llaman «filas». En el tablero hay ocho filas. Las que bajan verticalmente de la parte superior a la inferior, reciben el nombre de «columnas». También hay ocho. Finalmente, las casillas del mismo color unidas por los vértices, se llaman «diagonales». Es curioso, pero hay 26.

### Blanco y negro
No importa el color que tengan las piezas, rojo y negro, rosa y púrpura: las más claras se llaman «blancas» y las oscuras «negras».

### El rey
Como jefe del ejército, el rey es la pieza de más rango. Aunque es la pieza más importante, sólo puede avanzar una casilla y, por tanto, no es temible. Si no puede evitar que lo capturen, se produce «jaque mate» y la partida termina.

### La reina
La reina es la pieza más poderosa. Puede atacar a casi la mitad de las casillas del tablero a partir de una posición. Es veloz y de amplio alcance.

### Dos alfiles
Los alfiles se reconocen por las características hendiduras de la parte superior que representan el sombrero de un obispo. Son piezas ágiles que se mueven rápidamente en diagonal.

### Dos caballos
Estas piezas son las únicas que pueden saltar por encima de los obstáculos y las únicas que no avanzan en línea recta. Los encontrarás de gran utilidad en el caso muy frecuente de un tablero con demasiados efectivos.

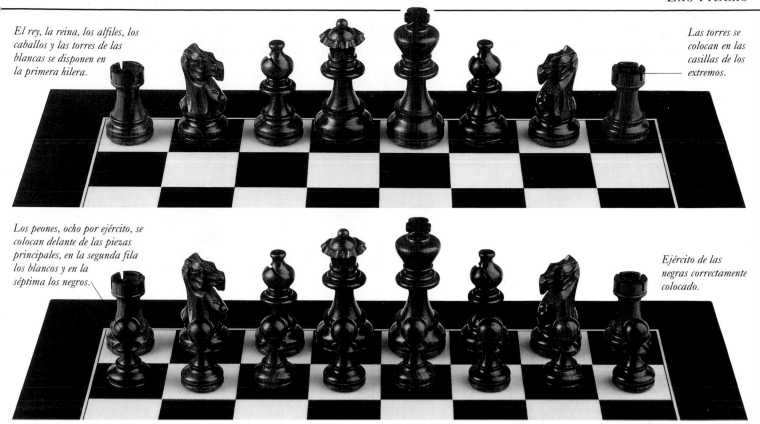

*El rey, la reina, los alfiles, los caballos y las torres de las blancas se disponen en la primera hilera.*

*Las torres se colocan en las casillas de los extremos.*

*Los peones, ocho por ejército, se colocan delante de las piezas principales, en la segunda fila los blancos y en la séptima los negros.*

*Ejército de las negras correctamente colocado.*

## Colocación en el tablero

Has de colocar el tablero entre tú y tu oponente sentado enfrente. A la derecha de cada jugador siempre ha de quedar una casilla blanca en la esquina del tablero. A continuación, colocas las piezas en su lugar correspondiente. Los ejércitos blanco y negro se colocan en los lados opuestos del tablero uno frente al otro. El lugar del rey y de la reina está en medio de la primera fila, a continuación, repartidos a cada lado de estas piezas, se disponen los alfiles, caballos y torres en este orden. Finalmente, los ocho peones se colocan en la segunda hilera.

*La reina blanca está colocada en una casilla blanca, la negra en una negra.*

*El rey y la reina de cada ejército uno frente al otro.*

*¡Recuérdalo! La casilla blanca a la derecha.*

### Dos torres

Son un par de piezas robustas que se pueden mover por las columnas y las filas, tienen forma de castillo y, por ello, a veces se les llama «castillos». Las torres son las piezas más poderosas después de la reina, pero también las que tardan más en entrar en acción.

### Ocho peones

Son los soldados del tablero de ajedrez y hay ocho por ejército. Un peón suele ser el primero que entra en acción. Son piezas menos poderosas, pero sí muy ambiciosas. Si un peón llega a la octava fila, puede ascender de categoría hasta el extremo de hacer las veces de la poderosa reina.

# El objetivo del juego

EL OBJETIVO ES CAPTURAR el rey enemigo por medio del «jaque mate». Sin embargo, no resulta tan sencillo. El ajedrez es un combate de inteligencia entre dos jugadores, cada uno controlando su propio ejército. La batalla puede durar horas o acabar súbitamente. Puedes ganar ventaja mediante una presión constante, construyendo tu ataque con la captura una tras otra de las piezas de tu enemigo y con unos intercambios de piezas ventajosos. O bien, acabar la partida con unos pocos golpes bien calculados.

## Desarrollo/Captura

Conseguir el jaque mate es el objetivo final del juego y puedes alcanzarlo debilitando al ejército enemigo mediante la captura de sus piezas. La idea es que tu oponente quede demasiado débil para poder defender a su rey. Lo principal es que los jugadores procuren obtener una buena posición en el centro del tablero. Si un jugador domina, podrá invadir el territorio enemigo, capturar piezas enemigas débiles o lanzar un ataque decisivo contra el rey enemigo.

## ¡Comienza la batalla!

El ajedrez es uno de los juegos de guerra más antiguos del mundo. Las piezas representan los ejércitos y el tablero el campo de batalla. Hay un ejército blanco y otro negro. Ambos avanzan uno en dirección al otro y comienza la lucha. Se planifican las estrategias de defensa y ataque mientras los jugadores, como los generales, vigilan el combate. El general con una táctica y estrategia mejores ganará la partida.

## Jaque mate

El jaque mate se produce como resultado de la mejor táctica y estrategia de uno de los jugadores sobre el otro. El jugador, víctima del jaque mate (o «matado»), ha perdido la partida. Sólo a través de jugar muchas partidas aprenderás a dominar la táctica que te permitirá vencer en la próxima.

*La joven general de las blancas está satisfecha porque realiza un movimiento efectivo.*

*Las blancas han capturado un caballo, un alfil y un peón.*

*El general de las negras ha de pensar el modo de mejorar su posición.*

*Las negras han capturado dos caballos y un peón.*

# Notación algebraica

¿**CUÁNTOS IDIOMAS CONOCES?** Español y probablemente inglés, o francés, o algo de alemán, o quizás algún otro. Quizá conoces el lenguaje musical con sus redondas, blancas, negras, etc. y pentagramas. El ajedrez también tiene su propio lenguaje, pero es mucho más fácil de aprender. Es una forma sencilla de dar nombre a las casillas y describir los movimientos de las piezas sobre el tablero.

## Las piezas

En los diagramas del ajedrez cada pieza se representa con un símbolo. No son los mismos en todos los libros, pero, aunque se presenten en color, tamaños y formas diferentes, resulta fácil determinar quién y qué representan. En la notación, a cada pieza se le otorga una letra mayúscula para saber a cuál se refiere.

*Éste es el símbolo del rey. En la notación se le atribuye la letra «R» de rey. Fijaos en que el símbolo está en rojo aunque represente a una pieza blanca.*

*Éste es el símbolo de la reina blanca. En la notacion recibe la letra «D» de Dama.*

*Éste es el alfil blanco. En la notación se le atribuye la letra «A».*

*A un caballo se le atribuye la «C».*

*A la torre la «T».*

*Hay muchos peones por lo que resulta mucho más sencillo nombrarlos según su posición en el tablero. El peón no lleva ninguna letra.*

## ¡Compruébalo!

Todo tablero puede leerse como un mapa. El club de ajedrez se halla en la casilla 1c. Si eres capaz de leer un mapa, podrás leer un tablero de ajedrez.

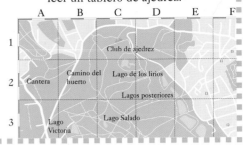

## El tablero

El tablero consta de 64 casillas, en ocho hileras de ocho. Si colocamos una numeración del 1 al 8 verticalmente y las letras de la «a» a la «h» en la base, uniendo letra y número sabremos el nombre de cada casilla. Primero se anota la letra seguida del número. Fíjate en el diagrama.

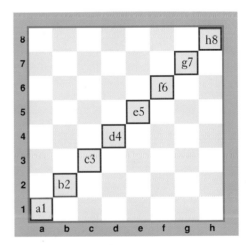

## ¡Tú mueves!

Fíjate en el tablero. ¿Puedes anotar dónde está la torre negra? ¿Y el caballo negro, el rey negro, la reina o dama blanca, el peón blanco y el alfil blanco? Por ejemplo, la reina blanca está en la casilla c1.

# Los peones

LAS PIEZAS SE CLASIFICAN según su importancia y no hay ninguna menos importante que un peón. En realidad, su nombre parece venir del antiguo francés *paon* que significa «soldado de a pie» (infantería). Sin embargo, el peón es una pieza fascinante y muchos jugadores la consideran el alma del ajedrez. Lo que a un peón le falta en fuerza lo suple con el número. Son los adelantados que abren el juego, controlan el territorio y los guardas naturales del rey.

## ¡Compruébalo!

Muchos personajes del cuento *Alicia en el país de las maravillas* de Lewis Carroll están inspirados en las piezas del ajedrez. La misma Alicia es un peón blanco y, si alguna vez llega a la octava fila del tablero (la primera fila de las negras), corona y se convierte en reina.

## ¡El avance!

Lo primero que suele mover un jugador es un peón, del mismo modo que un general envía primero la infantería al campo de batalla antes que a la caballería. En el primer movimiento, cada peón puede avanzar una o dos casillas. En las siguientes jugadas, sólo una. *Los peones nunca pueden retroceder.*

*El peón de las negras ha avanzado sólo una casilla.*

*Antes de comenzar la batalla, los peones se alinean como soldados de infantería.*

*El peón de las blancas ha avanzado dos casillas, en lugar de una, opcional en su primer movimiento.*

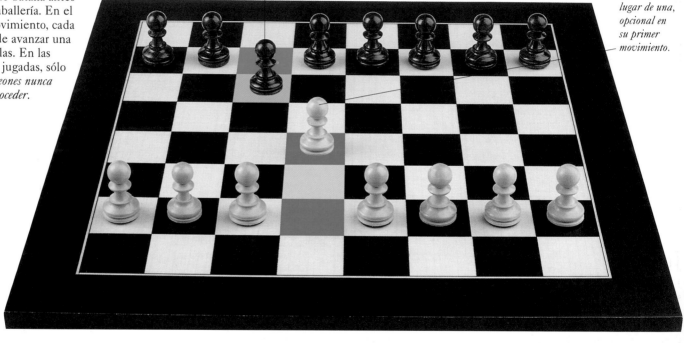

## La captura

A diferencia de otras piezas, los peones no capturan del mismo modo que se mueven. Adelantan siempre en línea recta, pero capturan diagonalmente y hacia adelante una casilla solamente.

*Este peón se mueve en diagonal para capturar al caballo.*

*Se saca el caballo del tablero y el peón ocupa su lugar.*

## ¡Tú mueves!

Fíjate en estas posiciones. ¿Qué piezas negras pueden capturar a los peones blancos? (La respuesta en la pág. 43.)

# Captura al paso

En ajedrez hay una regla por la cual un peón, de salida, si avanza dos casillas y sobrepasa a un peón enemigo, éste puede capturarlo al paso. El peón enemigo capturará al otro en diagonal y ocupará el lugar del capturado, como si éste sólo se hubiera movido una casilla.

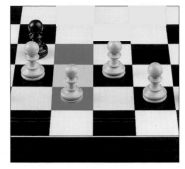

**1** Optas por avanzar este peón blanco dos casillas ya que es su primer movimiento.

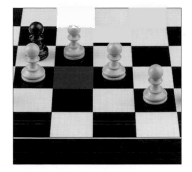

**2** El peón blanco se coloca al lado de un peón enemigo. El peón se ha saltado la casilla marcada en rojo donde el peón enemigo puede capturarlo al paso.

**3** Próximo movimiento: el peón de las negras captura diagonalmente al de las blancas como si sólo se hubiera movido una casilla.

# Coronación

Los peones poseen una característica que los hace individualmente muy valiosos y, en ocasiones, deciden el resultado de la partida. Un peón empieza el juego como la pieza de menor importancia, pero si alcanza la octava fila, cruzando seis casillas sin haber sido capturado, entonces «corona» y puede canjearse por una reina, torre, alfil o caballo. La mayoría de los jugadores se inclinan a canjearlo por una reina, ya que es la pieza más poderosa. ¡Y puedes jugar con dos reinas!

*Un peón de las blancas alcanza la octava fila y corona, convirtiéndose en una reina.*

**Coronación de un peón**
Para indicar el canje de tu peón, usa una torre colocada cabeza abajo o una reina de otro juego.

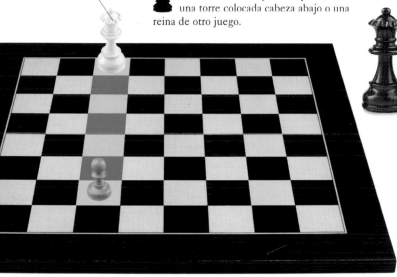

*La reina es la pieza más poderosa, pero también puedes canjear el peón por una torre, alfil o caballo. A veces, con un caballo logras jaque mate en el momento de coronar el peón.*

# Jugar sólo con peones

Juega con un amigo utilizando sólo los peones. Esto te dará una idea clara de cómo se mueven, capturan y coronan. ¡Vigila la aplicación de la regla de la captura al paso! El ganador será aquél que uno de sus peones cruce primero el tablero y corone. Sin embargo, si tu adversario juega con negras y corona un peón un movimiento después, nadie gana. Tablas. También son tablas si los peones quedan inmovilizados. Fíjate en este ejemplo.

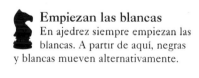

**Empiezan las blancas**
En ajedrez siempre empiezan las blancas. A partir de aquí, negras y blancas mueven alternativamente.

**1** Las blancas han empezado y adelantado un peón dos casillas. Las negras responden igual. Ambos peones quedan inmovilizados.

**2** Las blancas han adelantado un segundo peón dos casillas. ¡Error! Puede ser capturado. Las negras se encargan de hacerlo.

**3** Las blancas adelantan un peón una casilla para que su compañero no sea capturado. ¿Lo capturará el peón de las negras?

**4** ¡Excelente movimiento! El peón de las negras se adelanta y no se le podrá impedir el paso. El peón de las negras en dos movimientos coronará y las negras ganarán la partida.

# Los alfiles

ANTAÑO, LOS OBISPOS (más tarde llamados alfiles en el juego), ocupaban una posición muy importante como principales consejeros del rey, el cual solicitaba su bendición antes de ir a la guerra. En el ajedrez, los alfiles son un par de piezas formidables. Como en la antigüedad los obispos, los alfiles son poderosos y suelen trabajar juntos, moviéndose diagonalmente, uno por las casillas blancas y el otro por las negras. Entre los dos pueden dominar todas las casillas.

## ¡Compruébalo!

A finales del siglo XV, los alfiles estaban representados por elefantes, comunes en las guerras del Medio y Lejano Oriente, origen del ajedrez. Esta pieza corresponde a un antiguo juego de ajedrez birmano.

## Movimientos

Los alfiles sólo se mueven en diagonal. Pueden ir hacia delante y hacia atrás, y resultan especialmente efectivos si se colocan en medio del tablero. Se quedan bloqueados si se encuentran con una pieza, ya que no pueden eludirla saltando.

*Fíjate cómo el alfil de en medio del tablero controla 13 casillas y el alfil de la banda controla sólo 7.*

*El alfil de la casilla blanca (o alfil de rey) sólo se mueve en diagonal por las casillas blancas.*

*El alfil de la casilla negra (o alfil de reina) sólo se mueve en diagonal por las casillas negras.*

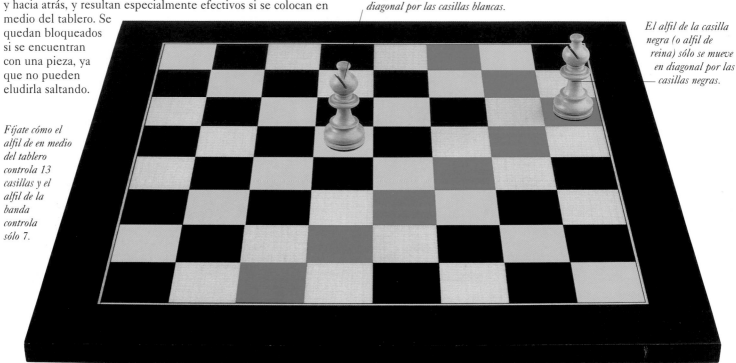

## La captura

Los alfiles capturan del mismo modo como se mueven: en diagonal. El alfil de la diagonal blanca sólo captura piezas que ocupan casillas blancas y el negro las de las casillas negras. A causa de su amplio alcance, resultan de gran utilidad para mantener bajo vigilancia largos tramos de casillas.

*El alfil se mueve por la diagonal blanca para capturar al caballo.*

*El caballo desaparece del tablero y el alfil ocupa su lugar.*

## ¡Tú mueves!

El alfil blanco puede capturar todas las piezas negras en ocho movimientos. Las negras estarán a merced del pillaje de la blanca. Hay dos formas de conseguirlo. ¿Puedes adivinarlas? (La respuesta en la pág. 43.)

# Los caballos

L A MAYORÍA DE LAS PIEZAS del tablero se mueven hacia delante en línea recta; la torre, la reina, el alfil, el rey e incluso el peón pueden moverse en línea recta o en diagonal. Sin embargo, los caballos tienen reglas distintas. Pueden moverse en forma de L e incluso saltar obstáculos como los caballos de verdad.

## ¡Compruébalo!

Durante siglos se han utilizado caballos en las batallas. En la época medieval, sus jinetes eran soldados valientes a quienes el rey daba el título especial de «caballero».

## Movimientos

Un caballo puede saltar de una casilla a otra sin tocar el suelo. Esto significa que puede saltar por encima de otras piezas. Pero no salta ni en línea recta ni en diagonal, sino en forma de L. Se mueve dos casillas en línea recta y otra a la derecha o a la izquierda.

*El caballo puede saltar en forma de L en cualquier dirección. Desde según qué posición puede atacar un máximo de ocho casillas.*

*Como los alfiles, los caballos tienen más fuerza en las casillas centrales que en las laterales.*

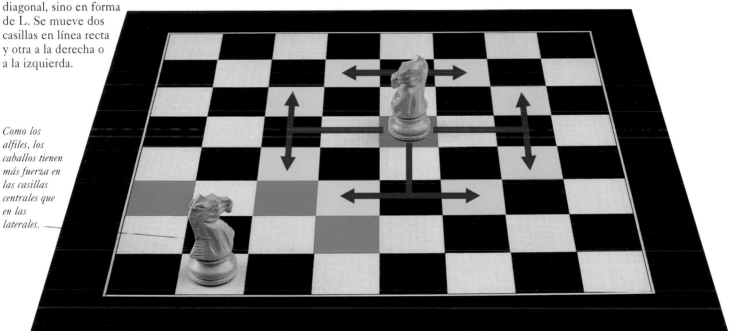

## La captura

El caballo captura de la misma forma que se mueve y dispone de un máximo de ocho casillas que puede atacar de una sola vez, según el lugar que ocupe del tablero. Al poder saltar, nunca se queda inmovilizado y por ello «puede volar como una mariposa y picar como el aguijón de una abeja».

*El caballo salta en forma de L sobre la casilla ocupada por un peón de las negras.*

*El peón sale del tablero y el caballo ocupa su lugar.*

## ¡Tú mueves!

El caballo blanco puede capturar en seis movimientos todas las piezas indefensas negras. ¿Adivinas las dos formas de hacerlo? (La respuesta en la pág. 43.)

# Las torres

HAY DOS TORRES por bando. Al principio del juego están colocadas en las esquinas del tablero como fortalezas, guardando cada una un flanco. Suelen ser las últimas en entrar en combate, pero, cuando lo hacen, se convierten en un arma de ataque muy eficaz, después de la reina en importancia.

## Movimientos

La torre puede moverse por las filas y las columnas del tablero. Puede acceder a cada uno de las casillas y, en cualquier momento, puede controlar un máximo de 15. Las torres tampoco pueden saltar otras piezas, salvo en un movimiento especial llamado «enroque» (ver pág. 22). Cuando las torres entran en movimiento pueden cubrir perfectamente el tablero.

## Origen cultural

La torre tiene forma de castillo. Hasta el siglo XV, los reyes vivían en castillos donde su ejército podía defenderlos con facilidad. En el ejército ajedrecista, la torre defiende al rey con gran efectividad además de ser una poderosa arma de ataque.

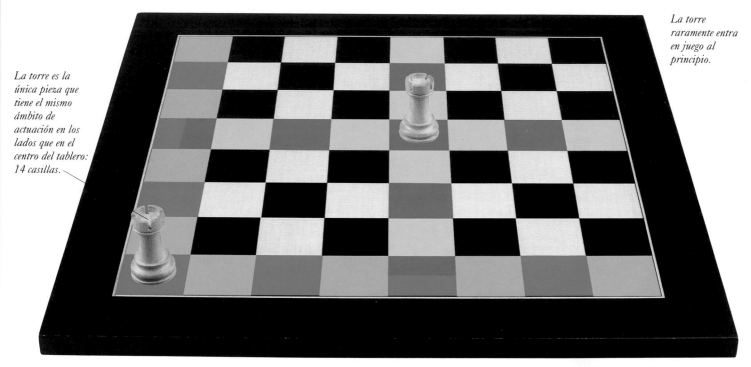

*La torre raramente entra en juego al principio.*

*La torre es la única pieza que tiene el mismo ámbito de actuación en los lados que en el centro del tablero: 14 casillas.*

## La captura

Como las otras piezas, las torres ocupan el lugar de la pieza enemiga que capturan. Ha de haber casillas vacías entre la pieza enemiga y la torre porque ésta, como ya sabes, no puede saltar. Al poder cubrir cualquier casilla del tablero, es una peligrosa pieza de ataque.

*El alfil es una pieza capturada y debe desaparecer del tablero.*

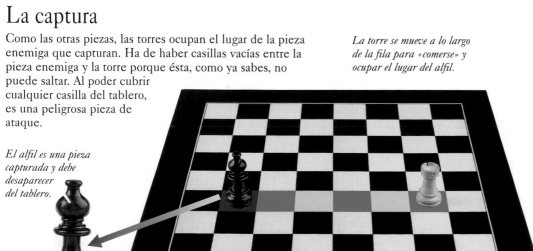

*La torre se mueve a lo largo de la fila para «comerse» y ocupar el lugar del alfil.*

## ¡Tú mueves!

Tienes nueve movimientos para capturar todas las piezas negras con la torre blanca. Todas las piezas blancas se hallan inmovilizadas, no pueden moverse. ¿Eres capaz de averiguar la solución? (La respuesta en la pág 43.)

# La reina

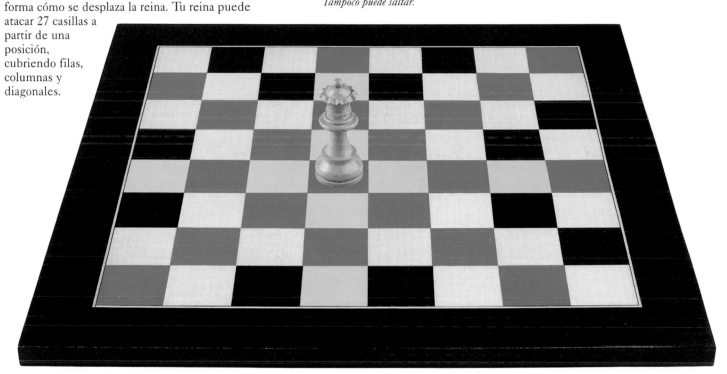

E N EL SIGLO XV se cambió definitivamente la forma en que la reina (dama) podía moverse. Originariamente era una de las piezas más débiles que avanzaba sólo una casilla en cada jugada. En cuanto se le dio el poder de moverse en diagonal y horizontalmente sobre todas las casillas, el juego se dinamizó. Mientras la reina corretea por el tablero, ninguna pieza está segura y los reyes tiemblan detrás de su barrera de peones.

## Movimientos

Si has entendido los movimientos de la torre y del alfil, no tendrás ningún problema en entender la forma cómo se desplaza la reina. Tu reina puede atacar 27 casillas a partir de una posición, cubriendo filas, columnas y diagonales.

*La reina se mueve en cualquier dirección. Puede cubrir el número de casillas que desee a menos que la bloquee otra pieza. Tampoco puede saltar.*

*De salida, las reinas ocupan la casilla que coincide con su color.*

## La captura

La reina captura de la misma forma que se mueve. No puede saltar sobre las piezas que encuentra en su camino. Tu reina es la pieza más valiosa y has de tener mucho cuidado de que no la capturen, a no ser que medie un intercambio de reinas. Si la pierdes, difícilmente vencerás a un enemigo que aún conserve la suya.

*La reina tiene a tiro el caballo negro.*

*La reina captura el caballo y ocupa su lugar.*

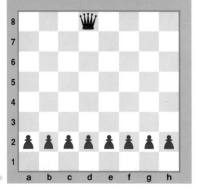

### ¡Tú mueves!

Juega con un amigo. El propósito de las blancas es coronar un peón y canjearlo por una reina. La reina negra debe impedirlo. ¿Podrá?

# El rey

EL JEFE DEL EJÉRCITO, el rey, es la pieza más importante, aunque no sea en absoluto la más fuerte. Si tu contrario logra acorralar a tu rey de modo que no puedas evitar su captura, el juego termina y habrás perdido. Como antiguamente, la captura del rey significa la debacle total, por lo que no tiene precio.

## ¡Compruébalo!

Los antiguos orígenes persas del juego se reflejan en el lenguaje que se usa. La palabra «jaque mate», que nos dice que el rey ha sido atrapado y el juego acaba con la victoria (o la derrota del adversario), procede del árabe *shah mat* que significan «el rey ha muerto».

## Movimientos

El rey puede moverse en cualquier momento por las ocho casillas que le rodean mientras no lo bloquee otra pieza. Puede trasladarse en cualquier dirección, pero sólo una casilla por jugada. No es veloz y no puede realizar huidas rápidas. Por tanto, ha de estar constantemente protegido.

*El rey puede desplazarse una casilla en cualquier dirección. Las casillas que le rodean pueden convertirse en vías de escape.*

*En el juego, el rey suele quedarse a un lado del campo de batalla de forma que pueda ser protegido con facilidad.*

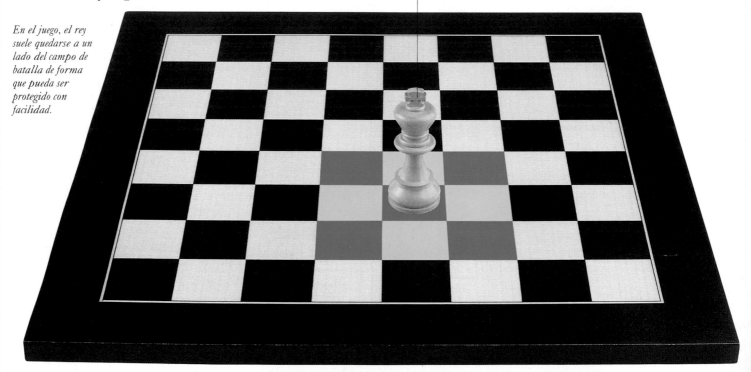

## La captura

El rey captura del mismo modo que se mueve. No olvides que, aunque débil, puede capturar cualquier pieza enemiga y salir de situaciones comprometidas.

*¡Ñam! El rey se «come» el caballo y ocupa su lugar.*

*Aquí el rey puede capturar un caballo.*

# Jaque

Cuando una pieza enemiga amenaza al rey se llama «jaque». El rey ha de moverse de inmediato o bloquear el ataque con otra pieza, o bien capturando la pieza enemiga que le amenaza.

*El alfil negro amenaza con jaque al rey blanco. Éste puede escapar trasladándose a una casilla lateral a la derecha, capturando el alfil con su torre o bloqueando el ataque con su alfil.*

# La amenaza del jaque mate

Observa estos diagramas. ¿Puedes hacer los movimientos con los que lograrás el jaque mate? Juegas con las blancas y te toca mover. (La respuesta en la pág. 43.)

**1** Las blancas pueden hacer jaque mate con un movimiento. El rey de las negras no puede desplazarse a la fila cubierta por la torre que está en a7. ¿Cuál es el movimiento vencedor?

# Jaque mate

«Jaque mate» se produce cuando se amenaza al rey y éste no tiene escapatoria; cualquier movimiento que haga provoca su captura y sobreviene la derrota. Por esta razón, todos los movimientos que se realizan tienen como objetivo final el jaque mate. Puedes conseguir jaque mate sobre tu oponente en sólo dos movimientos o después de una larga batalla con más de 50, por decir un número. De cualquier modo, ganar resulta emocionante.

*Los jugadores avezados advierten cuándo la situación es desesperada y se entregan, tumbando su rey antes de caer en jaque mate.*

*La reina negra se mueve y asesta el golpe fatal.*

*El rey blanco no tiene escapatoria. Las blancas han perdido.*

**2** Aquí las blancas pueden dar jaque mate moviendo el alfil que está en f3. ¿A qué casilla ha de trasladarse el alfil?

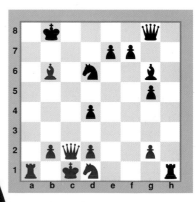

**3** Aquí el rey negro es vulnerable sin peones que lo defiendan. La reina blanca hará jaque mate en dos jugadas.

# El rey del castillo

ES IMPORTANTE COMPRENDER la relación del rey con las demás piezas. Vamos a tratar del enroque, una regla gracias a la cual el rey se coloca a buen recaudo, casi como si estuviera encerrado en un castillo de verdad. Una vez hayas averiguado las intenciones del enemigo y la fuerza de su ataque, así como la efectividad de tus peones para proteger al rey, éste estará a salvo de emboscadas.

## ¡Compruébalo!

Los castillos eran los únicos lugares seguros para los reyes. El «enroque» es un recuerdo del pasado y casi tan efectivo contra un ataque como un castillo real.

## Enroque

Ambas partes pueden colocar su rey en una esquina mediante una regla llamada enroque. Es la única jugada en que puedes mover dos piezas a la vez. El rey se desplaza dos casillas y ¡la torre salta por encima! El enroque tiene lugar en la fila de la base, detrás de los peones. Sólo puedes enrocarte si las casillas entre el rey y la torre están vacías y ambas piezas no se han movido anteriormente.

*Al haber espacios entre el rey y la torre, la blanca puede enrocarse. El rey se mueve dos casillas a la derecha...*

*... y la torre salta por encima de él y se pone a su lado.*

*Hay tres casillas vacías, de modo que el rey se desplaza dos casillas a la izquierda...*

*... y la torre salta por encima.*

### Enroque por el flanco de rey (enroque corto)

Esto ocurre cuando tu rey se enroca por su flanco. Si el caballo y el alfil se han movido, quedan casillas vacías entre el rey y la torre, en cuyo caso el rey se desplaza dos casillas y la torre salta por encima de él y se pone a su lado.

### Enroque por el flanco de reina

Si las piezas del lado de la reina se han movido –la reina, el alfil y el caballo– quiere decir que hay tres casillas vacías entre el rey y la torre, así que puedes enrocar, moviendo el rey dos casillas a su izquierda y colocando la torre junto a él después de saltar.

## Cuándo no puedes enrocarte

Hay tres situaciones en las que no puedes enrocarte: 1) si el rey, en su desplazamiento, incurre en jaque; 2) si lo estuviera al enrocarse; y 3) cuando está en jaque antes de enrocarse.

### Situación 1

Parece no haber moros en la costa para el enroque, pero no es así, ya que el rey pasaría a una casilla atacada por la reina negra.

### Situación 2

En esta posición, la blanca está en situación de enroque, pero el alfil negro no lo permite. Si las blancas intentan enrocarse, el rey caería en jaque.

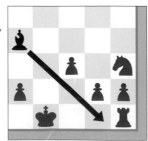

### Situación 3

El rey de las blancas quisiera enrocarse para salir del jaque, cosa que solucionaría el problema, pero primero ha de mover o bloquear el ataque con su reina.

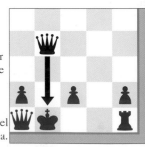

# ¿Amigo o enemigo?

Los mejores amigos del rey son los peones. Desde el principio, están situados a su alrededor y le protegen en todo los momentos del juego. El rey también tiene enemigos; tu oponente planea capturarlo y, para ello, utilizará cualquier arma disponible. El arma más poderosa es la reina. Observa este juego llamado el «mate del principiante».

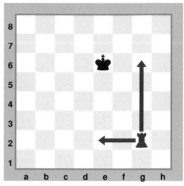

**1** Las blancas adelantan un peón dos casillas. Las negras también. Ambos jugadores han realizado un movimiento clásico de apertura.

**2** El segundo peón de las blancas se adelanta, olvidando la importancia de proteger al rey.

*Las blancas han movido un peón con efectos desastrosos.*

**3** La reina negra se mueve y hace jaque mate al desprotegido rey de las blancas. Éste ha sido abandonado por sus peones y le han derrotado en sólo dos movimientos.

*La reina negra hace jaque mate. ¡El juego ha terminado!*

# La fuerza del enemigo

Intenta esta sencilla prueba para medir la fuerza de las piezas enemigas. Así comprobarás por qué la reina es la pieza de ataque más peligrosa.

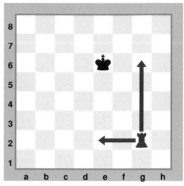

## La fuerza de la torre

Coloca una torre de las blancas y el rey de las negras en el tablero. En este diagrama puedes mover la torre a e2 y g6, desde ambas posiciones la torre puede hacer jaque.

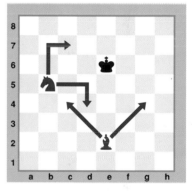

## La fuerza del alfil y del caballo

Ahora coloca un caballo y un alfil de las blancas sobre el tablero. Sólo tienen un máximo de dos casillas para moverse y hacer jaque.

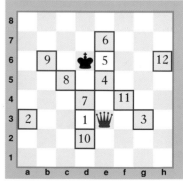

## La fuerza de la reina

Finalmente, coloca la reina de las blancas sobre el tablero. Gracias a su movilidad, puede hacer jaque desde numerosas casillas. En el diagrama, hay 12 (aunque las casillas vecinas al rey son peligrosas para ella a menos que cuente con algún apoyo).

# La notación

Y A ES HORA DE APRENDER un poco más sobre los signos y símbolos que te ayudarán a seguir los movimientos del resto del libro. Con un poco de práctica, serás capaz de utilizar lo que aprendas para asombro de tus amigos y familiares ¡jugando al ajedrez sin tablero ni piezas!

## ¡Compruébalo!

La notación del ajedrez es como un código. Durante la Segunda Guerra Mundial, jugadores maestros aplicaron su familiaridad con los códigos para inventar un tipo de ordenador que descifraba los mensajes alemanes.

*Este movimiento del peón se anota como a7-a5.*

*Este movimiento de la torre se anota como Td7-f7.*

*La reina de las blancas captura el alfil de las negras: Dc4xc2.*

*Este peón de las blancas captura el caballo de las negras: g2xf3.*

## Movimientos y captura

Te mostraremos cómo se mueven las piezas con el nombre de la casilla que proceden* y el nombre de la casilla a la que se trasladan (ver el tablero de la izquierda):

Td7-f7 (T es la torre)
a7-a5 (se trata de un peón)

La letra de la pieza (siempre en mayúscula) se escribe antes del nombre de la casilla de la que procede, y luego se indica la casilla a la que se traslada, separados por un guión. En el caso del peón, como no tiene letra, se nombra la casilla de la que procede y a la que se traslada. El guión indica el movimiento.

En las capturas, el signo «x» sustituye al guión y sólo se anota la casilla donde efectúa la captura sin que conste la letra de la pieza capturada:

Dc4xc2 indica que la dama (o reina) captura al alfil en c2.

*Ambos caballos en d7 y g8 pueden moverse a f6.*

*Escribe Cd7-f6 si has decidido que el caballo en d7 vaya a f6.*

*Escribe Cg8-f6 si has decidido que el caballo en g8 vaya a f6.*

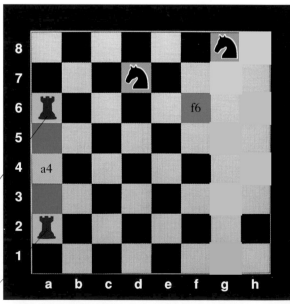

*Ambas torres pueden moverse a a4.*

*Escribe Ta6-a4 si has decidido que la torre en a6 vaya a a4.*

*Escribe Ta2-a4 si has decidido que la torre en a2 vaya a a4.*

*Actualmente está cayendo en desuso colocar la procedencia en la notación, práctica que ha prevalecido durante años y años, pero siendo éste un libro dirigido a los jóvenes, no hemos querido prescindir de esta forma de notación a fin de no caer en posibles ambigüedades. Observa los dos movimientos que puede realizar el caballo situado en la casilla f6 y la torre en a4.

## Otras anotaciones

**Enroque corto:** 0-0 significa enroque por el flanco de rey.
**Enroque largo:** 0-0-0 significa enroque por el flanco de reina.
**Jaque:** Se señala con el signo «+» al final de un movimiento.
Por ej: Af1-b5+ significa que el alfil amenaza al rey situado en e8.
**Jaque mate:** Se señala con el signo «++» e indica el final de la partida.
Por ej: Dh3-h5++ significa que la dama se mueve a h5 y hace jaque mate.
**Coronar un peón:** En cuanto un peón alcanza la octava fila, tú puedes escoger qué pieza quieres que lo sustituya.

# Seguir el juego

Practica la notación siguiendo este juego en el tablero. Coloca las piezas en posición de iniciar la partida. Lee la notación y efectúa tres movimientos a la vez. Fíjate en la notación de cada movimiento numerado del juego y en las columnas separadas para los movimientos de las blancas y de las negras. Éste es un juego famoso llamado «mate de Boden» que se jugó en Londres en 1853.

**¡Anota cada jugada!**
Cuando juegues, practica la notación escribiendo tus movimientos en un impreso ex profeso.

| | | |
|---|---|---|
| 1. | e2-e4 | e7-e5 |
| 2. | Cg1-f3 | d7-d6 |
| 3. | c2-c3 | f2-f5 |

*Movimientos de las blancas* — *Movimientos de las negras*

**1** Recuerda que los peones no tienen letra, de modo que se indican con la posición a la que se mueven. «C» indica uno de los caballos.

| | | |
|---|---|---|
| 4. | Af1-c4 | Cg8-f6 |
| 5. | d2-d4 | f5xe4 |
| 6. | d4xe5 | e4xf3 |

**2** Ahora, uno de los alfiles de las blancas se ha movido y se han producido unas capturas de peones. Ambos jugadores maniobran para conseguir una posición más agresiva.

| | | |
|---|---|---|
| 7. | e5xf6 | D8dxf6 |
| 8. | g2xf3 | Cb1-c6 |
| 9. | f3-f4 | Ac8-d7 |

**3** La poderosa reina de las negras entra en el combate y hace sentir su presencia.

| | | |
|---|---|---|
| 10. | Ac1-e3 | 0-0-0 |
| 11. | Cb1-d2 | Td8-e8 |
| 12. | Dd1-f3 | Ad7-f5 |

**4** ¿Has llegado hasta aquí? Bien. Fíjate con qué pericia se ha inmovilizado al rey de las negras cuando éstas se han enrocado en el flanco de reina. ¡Con esta jugada empieza el calvario de las blancas!

| | | |
|---|---|---|
| 13. | 0-0-0 | d6-d5 |
| 14. | Ac4xd5 | Df6xc3+ |
| 15. | b2xc3 | Af8-a3++ |

**5** Parece que las negras son tan insensatas como para perder a su reina, pero tienen un buen plan... Las blancas son fulguradas por el alfil negro. ¡Jaque mate!

---

# ¡Tú mueves!

Reflexiona en estos dos ejercicios y descubre si eres un buen analista. (La respuesta en la pág. 43.)

**1** Fíjate en los cuatro movimientos realizados por las blancas en este diagrama y anótalos.

**2** Descodifica la notación de este corto juego y haz los movimientos en el tablero. Deberías acabar en la posición de jaque mate que se muestra aquí. Se llama «el mate del pastor».

| | | |
|---|---|---|
| 1 | e2-e4 | e6-e5 |
| 2 | Af1-c4 | Af8-c5 |
| 3 | Dd1-h5 | Cg8-f6 |
| 4 | Dh5xf7++ | |
| 5 | | |
| 6 | | |
| 7 | | |
| 8 | | |
| 9 | | |
| 10 | | |

*Hoja típica de anotación*

# La apertura

**S**I HAS LLEGADO HASTA AQUÍ, ya
cuentas con los conocimientos suficientes
para empezar a jugar. Serás capaz de mover las
piezas por el tablero, capturar las piezas
enemigas y quizá lograr un jaque mate. Sin
embargo, para jugar bien, deberás entender la
segunda mitad de este libro empezando con
la primera fase del juego de ajedrez llamada
«apertura». Se han escrito más libros hablando
de la apertura que de cualquier otra fase del
juego, y cuenta con suficiente cantidad de
movimientos como para darte un buen dolor
de cabeza. ¿Tendrás que aprendértelas de
memoria? No, con sólo unas pocas ideas
podrás practicar perfectamente algunas
de las aperturas más usuales.

*La posición de comienzo crea la escena en la que se desarrollará la batalla posterior. Si haces una buena apertura, poseerás una buena base de ataque.*

## Las cinco reglas de la apertura

Si decides empezar la apertura en base a las siguientes
cinco reglas, contarás con un excelente comienzo.
Dichas reglas tienen una gran importancia para todos
los jugadores de ajedrez, tanto si eres un principiante
como un gran maestro. Son sencillas y fáciles de seguir.
No olvides que la apertura sirve para ganar una posición
fuerte en el tablero, desde la cual lanzar un buen ataque,
no para lanzarte a la aventura de un ataque fulminante.

## La brigada ligera

En el primer momento de la
apertura, sólo se pondrán en
juego los peones, los alfiles
y los caballos. Esta «brigada
ligera» se utiliza para las
escaramuzas iniciales y para
obtener una buena posición
central. La valiosísima
reina y las torres se
reservan para la
segunda ola de ataque
(ver págs. 28-29).

*Se han movilizado ambos flancos de la brigada ligera para tomar una buena posición central.*

### 1 Peones en el centro
Coloca uno o dos peones en el centro.
El centro del tablero es donde empiezan
los primeros ataques y, quien tenga un
mejor control sobre él, controlará el juego.
Una vez los peones hayan tomado
posición en medio del campo, resulta
difícil desalojarlos de él, de modo que
pueden permanecer allí bastante tiempo.

### 2 Los caballos y los alfiles en el centro
Ésta es una regla importante.
Significará mover los peones para dejar
paso a los alfiles que no pueden saltar.
Son tu «brigada ligera» y han de
moverse antes de que la «brigada
pesada» –la reina y las torres– ocupe
sus posiciones.

### 3 Mueve una pieza distinta cada vez

El principio del juego consiste, esencialmente, en colocar tus piezas en una buena posición cerca del centro y a punto para entrar en acción. Más tarde atacarás. Si, para atacar, mueves siempre la misma pieza, no tardarás en tenerla luchando sola contra todo el ejército enemigo. En lugar de ello, mueve una pieza distinta cada vez, a ser posible.

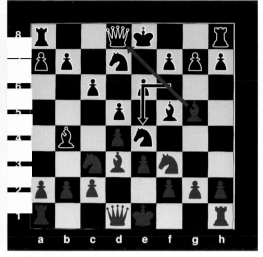

### 4 Protégete y captura

En la apertura, cuida tus piezas y nunca las expongas al peligro. Pero si tu contrario es lo suficientemente necio como para exponer una de las suyas, no vaciles en capturarla. Aquí las negras han cometido un error. Al mover su caballo a e4 han dejado al descubierto su reina y ¡adiós dama!

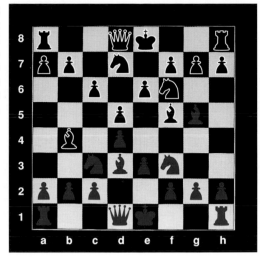

### 5 Enroque

Pon a buen recaudo a tu rey enrocándote desde los inicios. Esto lo saca del centro y lo coloca a salvo en una esquina detrás de la barrera de los peones. ¡Recuerda que puedes perder la partida en sólo dos movimientos! El mate del pastor (ver pág. 25) es una buena prueba de ello.

**Mira y aprende**
Fíjate bien en los diagramas y utilízalos como ejemplo de una buena posición a adoptar para cuando empieces el juego.

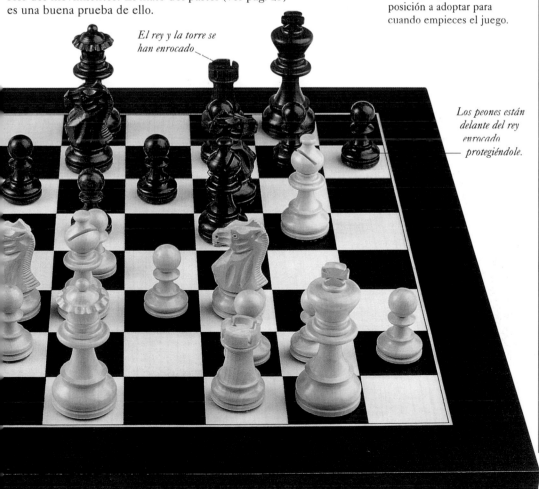

*El rey y la torre se han enrocado*

*Los peones están delante del rey enrocado protegiéndole.*

### ¡Tú mueves!

Antes de empezar a jugar utilizando las reglas de la apertura, pon a prueba tus respuestas en estas posiciones. Si sabes analizar las jugadas, elige el mejor movimiento a partir de las tres opciones. En todas estas posiciones juegas con las blancas. (Las respuestas aparecen en la pág. 43.)

**1** ¡Elige un movimiento!
Peón a e4
Peón a h4
Caballo a h3

**2** ¡Elige un movimiento!
Alfil a b5
Caballo a a3
Peón a d3

**3** ¡Piénsalo detenidamente y elige!
Caballo a f3
Peón a e5
Caballo a c3

# Las piezas mayores

SI SIGUES LAS CINCO REGLAS de la apertura, ya cuentas con un buen punto de partida. Hasta ahora no nos hemos centrado en hacer intervenir a las piezas más importantes del juego: tu reina y las torres. Constituyen la «brigada pesada» y son piezas extremadamente poderosas y valiosas, casi como si fueran un par de tanques y un lanzacohetes. Con estas armas, puedes hacer un daño considerable a la posición enemiga. Sin embargo, has de manejarlas con cuidado. Necesitas un plan de acción que te coloque en una posición fuerte sin exponerte a ningún peligro.

## La brigada pesada

A diferencia de la «brigada ligera» (los peones, caballos y alfiles), la «pesada» (reinas y torres) no debe colocarse en el centro. Debes desplegarla un poco más atrás teniendo siempre en mente lo de «la mínima exposición con la máxima potencia».

*Las reinas de ambos contendientes abandonan la parcela enemiga y se sitúan en las casillas bien protegidas de su ejército.*

*Las torres pueden moverse libremente por las columnas abiertas o semiabiertas.*

## La mínima exposición

Tus piezas mayores son de la máxima importancia para lograr la victoria, de modo que has de manejarlas con el máximo cuidado. La reina y las torres deben disparar al enemigo desde lejos, en una posición de retaguardia donde aquél no pueda atacarlas con facilidad. Es una buena idea sacar a la reina de la retaguardia y ponerla a jugar, liberando la hilera de atrás para que las torres puedan desplazarse.

### Columnas abiertas y semiabiertas

La posición de los peones ha de ser de manera que dejen entrar en acción a las torres. Una columna «abierta» no tiene ningún peón en ella. Una semiabierta tiene peones de un solo color.

## La máxima potencia

A medida que avanza la partida, la máxima prioridad es facilitar el paso a las torres (máxima potencia). El enroque es una buena manera de sacar las torres de las esquinas sin dejar de tener el rey protegido. Si puedes mover tus torres a una columna abierta o semiabierta, es mucho mejor. La idea es que tengas ambas torres y la reina en una posición fuerte, pero no demasiado adelantadas.

*Esta columna está abierta. Así, la otra torre de las blancas puede trasladarse a esta casilla en un próximo movimiento.*

*La torre blanca se mueve a una columna semiabierta.*

# Una apertura

Ahora seguiremos el curso de una apertura y mostraremos cómo se hacen jugar las torres y la reina recordando lo de «mínima potencia, máxima exposición». Realiza los movimientos en un tablero.

1. e2-e4   c7-c5
2. Cg1-f3   d7-d6
3. Af1-b5+   Ac8-d7
4. Ab5xd7+   Cb8xd7
5. 0-0   Cg8-f6

**1** Se han hecho cinco movimientos. Los dos bandos han intercambiado alfiles y avanzado sus brigadas ligeras. El objetivo de ambos jugadores es tener una buena posición central.

6. Cb1-c3   g7-g6
7. d2-d4

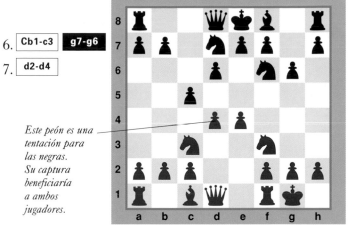

*Este peón es una tentación para las negras. Su captura beneficiaría a ambos jugadores.*

**2** Las blancas ofrecen a las negras intercambiar piezas. Las negras han actuado como se esperaba y han capturado el peón blanco en d4 con el caballo en f3. Sería una ventaja para ambos jugadores crear columnas abiertas para un posterior despliegue de sus torres.

7. ...   c5xd4

**Notación interrumpida**
«...» indica que las blancas ya han hecho su movimiento. Por ejemplo, el séptimo movimiento de las blancas ha sido d2-d4 (véase arriba).

*Al enrocar, el rey blanco se ha puesto a buen recaudo.*

**3** Las negras han actuado como se esperaba y han capturado el peón blanco. Naturalmente, las blancas capturarán de inmediato el peón en f3 con el caballo. La columna c de las negras y la d de las blancas se han abierto.

8. Cf3xd4   Af8-g7
9. Ac1-e3   0-0

**4** A continuación, ambos jugadores sacan sus alfiles, siguiendo las cinco reglas de la apertura y, además, para abrir paso a las torres. Las blancas recuerdan la importante regla de apertura con enroque.

10. Dd1-e2   Ta8-c8
11. Ta1-d1

*Las brigadas ligeras se hallan en una buena posición central y las pesadas se han desplegado bien por ambos flancos.*

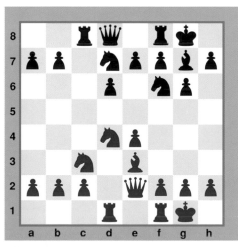

**5** Las blancas sacan la reina de su posición inicial, y blancas y negras mueven las torres a columnas semiabiertas.

11. ...   a7-a6
12. f2-f4   Dd8-c7

*La reina negra está lo suficientemente lejos para no poder ser atacada.*

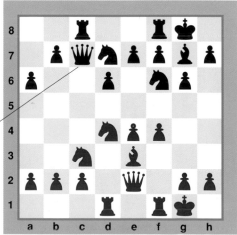

**6** También se saca a la reina negra de su escondite a una posición más ventajosa. Ambos generales han dirigido bien sus ejércitos y respetado las reglas de apertura. El juego aún no lo domina nadie.

# Técnicas básicas

**P**ODEMOS SOÑAR con que nos gustaría convertirnos en una estrella del pop, un actor famoso o una estrella del fútbol, pero hay que tener en cuenta que, detrás de cada éxito, hay meses de preparación, práctica y retrocesos. Ser un campeón de ajedrez precisa la misma dedicación. El éxito residirá en tu capacidad para aprender bien las técnicas básicas de ataque y defensa. Ahora llegamos a la importante fase del ajedrez de «la media partida», empezando por establecer el valor de cada pieza.

## El valor

Hay un sistema de valores que puedes usar como guía. Tus peones valen cada uno un punto, los caballos y alfiles tres cada uno, las torres cinco y la reina nueve. El rey, naturalmente, *no tiene precio*.

**1  3  3  5  9**

*Capturar la reina negra es una excelente jugada. ¡Son nueve puntos para las blancas!*

*Capturar el alfil negro dará a las blancas unos buenos tres puntos, pero es mucho mejor capturar la reina.*

## La captura y el valor

La captura se basa en una técnica precisa. Has de llevar a cabo cada movimiento calculando las posibles capturas que podrás llevar a cabo, según su valor en puntos. Las mejores capturas son las que valen más puntos. En este tablero (izquierda), las blancas pueden lograr dos capturas: Ca7xc8 y Dd2xd6. La primera es la mejor porque la reina vale nueve puntos. Capturar el alfil sólo significarían tres puntos para las blancas. Capturar las piezas más valiosas de tu contrario, siempre que conserves las tuyas, es un medio seguro de llegar a la victoria.

*La reina blanca puede capturar el alfil negro, pero primero estudia cuidadosamente el tablero para ver si existen mejores capturas.*

*Aquí, el alfil blanco captura la torre negra y es capturado a su vez por la reina negra. Las blancas han ganado dos puntos porque la torre vale dos más que el alfil. Un cambio sustancial.*

## Los intercambios

En el juego del ajedrez, puede resultar que muchas de las piezas que quieras atacar, se hallen bien defendidas. Puedes encontrarte con que capturas una pieza y, a su vez, te capturan la tuya. A esto se le llama «cambio». En una partida, has de decidir quién gana o pierde después de un intercambio, calculando cuantos puntos se «intercambian» según el sistema de valores. Así, si tu alfil captura un peón a cambio de su sacrificio, eres tú quien se lleva la peor parte.

Resta un punto del peón enemigo de los tres de tu alfil y resulta ¡que tu oponente te ha ganado dos puntos! ¡Simples matemáticas!

*Las casillas azules son completamente seguras para que las blancas se trasladen a ellas. Todas las demás están amenazadas por las negras.*

*Cb3-c5 es un movimiento completamente seguro. El caballo podría ser capturado por la torre negra que está en c8, pero las negras no se atreverán a capturarlo porque les representaría perder puntos cuando el peón blanco en b4 capturará la torre. Hay que evitar jugadas así. ¡Tenlo presente cuando juegues!*

*Dh3-h6 también es un movimiento completamente seguro. Las negras podrían jugar Df8xh6, pero las blancas podrían responder, capturando la dama negra con el alfil que está en d2 y los puntos se igualarían.*

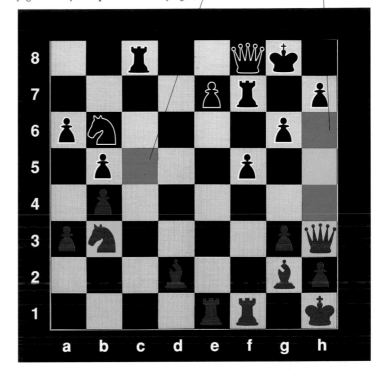

## Un movimiento seguro

Mover tus piezas por el tablero es como caminar por un campo de minas. Sin embargo, hay una gran diferencia. Todas las minas del tablero están a la vista. Es posible ver las casillas en peligro de ser atacadas. Por tanto, antes de hacer un movimiento, asegúrate de que la casilla a la que vas a trasladarte sea segura. En esta fotografía (arriba) quedan sólo unas pocas casillas a las que las blancas puedan desplazarse sin correr peligro.

### Comprobación mental

Antes de mover, hazte estas preguntas:
1. ¿Cuál es tu mejor movimiento/mejor captura?
2. ¿Al mover una pieza, dejas a otra sin defensa?
3. ¿Alguna de tus piezas está a punto de ser capturada?
4. Si es así ¿cómo puedes defenderte?

## Movimiento completamente seguro

A medida que avanzas por el territorio enemigo, encuentras más casillas defendidas por piezas enemigas. Sin embargo, puedes avanzar las tuyas a buenas posiciones siempre y cuando estén adecuadamente defendidas por sus compañeras. Por ello, una técnica importante es la denominada «movimiento completamente seguro». Una opción es cuando decides trasladarte a una casilla atacada por una pieza enemiga, ofreciéndote para hacer un intercambio que no te haga perder puntos.

## ¡Tú mueves!

Fíjate en estos diagramas y estudia los movimientos. (Respuestas en la pág. 43.)

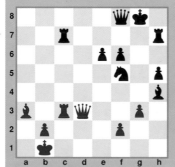

1 ¿Cuántas capturas pueden hacer las blancas? Haz una lista según el orden de los posibles puntos que puedes ganar en cada captura. ¿Cuál es la mejor?

2 ¿Qué tipo de capturas pueden hacer las blancas? Hay cuatro posibilidades ¿Cuál es la mejor, asumiendo que las negras acepten cambios si los consideran convenientes?

3 Haz la lista de los nueve movimientos enteramente seguros para las blancas (moviéndote a las casillas que el enemigo no puede atacar). ¡Si encuentras los nueve, mis felicitaciones!

4 Supongamos que las blancas hagan los siguientes movimientos: Td1-d4, Af4xc7, Td1-d7 y Af4-e5. ¿Qué movimientos son malos, seguros o seguros por completo?

# Ataque y defensa

UNOS ATAQUES PRECISOS y calculados contra las piezas enemigas constituyen una parte de la técnica a utilizar. Sin embargo, ten presente que la mitad de los movimientos realizados correrán a cargo de tu oponente. Por ello es muy importante saber la manera de defender tus piezas. El ajedrez es como un baile excepto en el detalle de que has de pisar a tu oponente tantas veces como te sea posible mientras mantienes tus propios pies a salvo.

## La amenaza

Una amenaza simple es un ataque contra una pieza enemiga sin defensa o contra otra de valor superior. Las amenazas obligan a tu contrario a desperdiciar movimientos para evitar el ataque, con lo cual te ayudan a establecer una posición fuerte. Si tus amenazas desembocan en captura, ello reforzará tu ejército, pero has de procurar que las amenazas se basen en movimientos seguros y muy meditados.

### Una amenaza efectiva

En este tablero (derecha) las blancas sitúan el alfil para amenazar al caballo negro que está en d6. Éste es un movimiento completamente seguro porque, aunque la reina negra capture el alfil, las blancas podrían capturarla con el caballo que está en d3, con lo que las negras perderían no sólo la reina, sino la partida.

*Ae1-h4 es un movimiento completamente seguro que amenaza claramente al caballo negro en d6.*

## ¡Alerta al tiempo!

En los torneos, se controla el tiempo. Normalmente, se conceden dos horas y media para 40 movimientos. Si las sobrepasas, ¡pierdes! El tiempo se controla con un reloj de doble esfera. Después de mover pieza, el jugador aprieta el botón de su reloj y el tiempo empieza a contar para el contrincante.

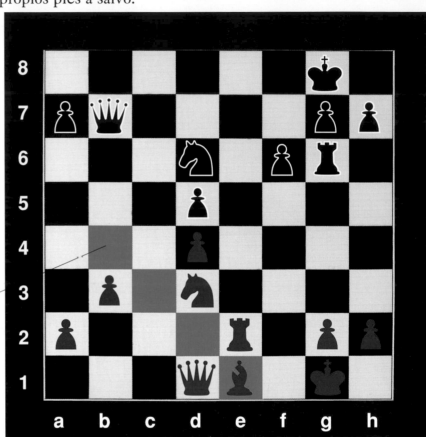

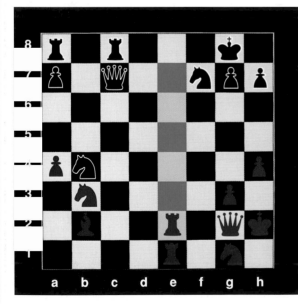

### Torres trabajando por parejas

El movimiento de la torre a e7 amenaza a la reina negra en c7. La reina puede capturar la torre blanca, cosa que les encantaría a las blancas porque a la torre la protege otra torre blanca que está al acecho en e1. Éste es un modo muy efectivo de usar tus torres.

## ¡Tú mueves!

Mejora tu técnica de ataque planeando amenazar a las piezas enemigas. Juegas con blancas y mueves.

*(Respuesta en la pág. 43.)*

**1** ¡Moviliza tus tropas y ataca! Recuerda que todas las amenazas han de ser movimientos seguros o completamente seguros.

**2** Hay seis posibles amenazas en esta posición. ¿Puedes detectarlas?

# Defensa contra las amenazas

Mientras te centras en realizar buenos movimientos y planear amenazas, piensa que tu contrario estará haciendo lo mismo. Para evitar las amenazas enemigas, existen cinco métodos efectivos de defensa muy parecidos a los de una defensa real. Fíjate en las posiciones de los cinco diagramas. La torre negra en f7 ataca la torre blanca en f3. Cada diagrama muestra una técnica defensiva distinta.

### Movimientos defensivos

1. Alejarse . . . . . . . . . . . . . . ¡Correr!
2. Capturar al enemigo . . . . . ¡Defenderse!
3. Auxiliar a tu pieza . . . . . . ¡Obtener ayuda de los amigos!
4. Bloquear el ataque . . . . . . ¡Utiliza un escudo!
5. Contraatacar . . . . . . . . . . ¡Desviar la atención!

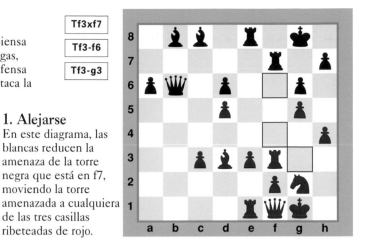

Tf3xf7
Tf3-f6
Tf3-g3

## 1. Alejarse

En este diagrama, las blancas reducen la amenaza de la torre negra que está en f7, moviendo la torre amenazada a cualquiera de las tres casillas ribeteadas de rojo.

## 2. Capturar al enemigo

Está claro que la torre blanca puede capturar a la torre negra, aunque se trate de un cambio equitativo.

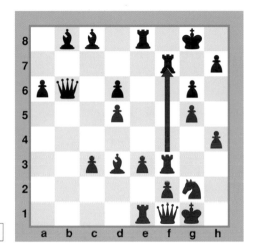

Tf3xf7

## 3. Auxiliar a tu pieza

Las blancas pueden defender a su torre, desplazando el alfil de d3 a e2. Si la torre negra lleva a cabo su amenaza, las blancas pueden aceptar el cambio: Ae2xTf3.

Ad3-e2

## 4. Bloquear el ataque

Aquí, las blancas eligen mover el caballo para bloquear el ataque de la torre negra.

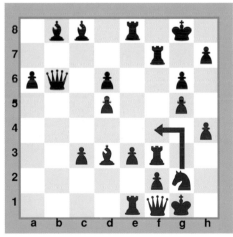

Cg2-f4

## 5. Contraataque

Aquí, una de las torres blancas se mueve para amenazar a la reina negra. Esta táctica significa que las blancas no malgastan un solo movimiento y se dedican a colocar palos en las ruedas. Un contraataque es más efectivo si atacas una pieza de igual o mayor valor.

Te1-b1

## ¡Tú mueves!

Fíjate en este diagrama y calcula todos los posibles movimientos defensivos que pueden hacer las blancas. (Respuestas en la pág. 43.)

**1** La reina negra amenaza el caballo blanco que está en h3. ¿Qué movimientos defensivos pueden realizar las blancas para contraatacar?

**2** El alfil negro amenaza a la reina blanca que está en e3. ¿Qué movimientos pueden realizar las blancas para no perder a la reina?

# Tácticas

L A BASE DE TU éxito son las técnicas que ya has aprendido. Sin embargo, si las dominas, en ocasiones podrás acelerar el proceso. Entre jugadores de igual capacidad, su habilidad táctica será la que decidirá la partida a su favor. Las tácticas principales son las llamadas ataque doble, la pieza clavada y jaque a la descubierta.

## Un caballo saltarín

Uno de los movimientos más importante es cuando tu caballo puede amenazar ocho piezas al mismo tiempo, cosa improbable. Pero en este diagrama, el caballo puede moverse a c7 y atacar a dos piezas mayores, además del rey.

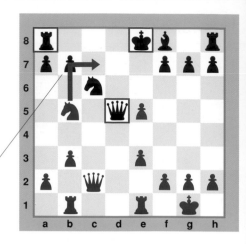

*Si el caballo que está en b5 se mueve a c7, realiza un ataque, no doble sino triple, devastador, pues ataca al rey negro en e8, a la torre en a8 y a la reina en d5.*

## El ataque doble

El movimiento táctico denominado «ataque doble», es cuando una pieza ataca a dos o más al mismo tiempo. Esta efectiva táctica logra que a tu contrario le resulte muy difícil conservar sus piezas y acostumbra a terminar en captura. Cualquier pieza es capaz de realizar un ataque doble, incluso el humilde peón.

*El peón blanco amenaza a la vez a las dos torres negras. Aunque una torre puede escapar con el próximo movimiento, la otra caerá capturada.*

## Ataque a la descubierta

Después de torturar a tu oponente con ataques dobles y piezas clavadas (ver siguiente página), puedes dejar caer unos cuantos ataques a la descubierta o incluso jaques a la descubierta. Sobre el tablero no hay nada oculto, piezas y casillas están a la vista. Lo único que no puedes ver es el futuro y los pensamientos del interior de la cabeza de tu oponente. El ataque a la descubierta es lo que más se parece a algo oculto puesto que haces una cosa, pero amenazas con otra. Fíjate en este ejemplo sacado de una reciente partida juvenil.

*El peón negro captura al alfil blanco.*

1 Ambos bandos han estado luchando a brazo partido y ahora se produce un ligero respiro. Las blancas deciden llevar un caballo a d2. Sin prestarle mucha atención, las negras siguen con su plan de capturar el alfil blanco en b5 con un peón.

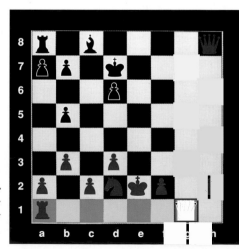

*La torre blanca se mueve para capturar a la reina negra.*

2 Se evidencia el verdadero plan de las blancas; la torre blanca en a1 ¡captura a la reina negra! El juego táctico de las blancas han dado resultado y su ejército obtiene una considerable y amplia ventaja.

# La pieza clavada

Clavar una pieza es otra táctica de gran efectividad. Se ataca a una pieza, la cual, si intenta escapar, deja desguarnecida a otra valiosa que puede ser capturada. Con esto, a veces, se paraliza por completo a una pieza enemiga hasta el extremo de lograr un beneficio material. Con esta arma táctica puedes llegar a colocar una pica en el mismo corazón de la posición enemiga.

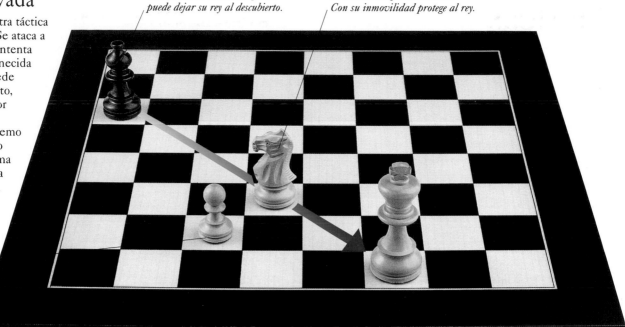

*El alfil clava al caballo que no puede dejar su rey al descubierto.*

*El caballo no puede moverse. Con su inmovilidad protege al rey.*

*El peón protege el caballo.*

## Un peón clavado

Aquí, el peón clavado en d5 no puede moverse ni ser protegido, y las blancas lo capturarán en el próximo movimiento Ab3xd5. No sólo las negras perderán un peón, sino que el rey negro caerá en jaque.

## Bajo presión

Aquí, la pieza clavada –el caballo negro en c6– está muy bien defendida por un alfil en b7, pero las blancas atacan nuevamente al caballo con un peón, moviéndose desde d4 a d5. Ahora las negras están a punto de perder un caballo.

## Un golpe asesino

Un ataque a la descubierta puede ser aún más mortífero si puedes lograr que la pieza que mueves realice algún ataque al mismo tiempo. Fíjate en esta situación: el peón negro avanza, con lo que las negras realizan un jaque a la descubierta con el alfil. El rey blanco ha de huir del jaque y sus huestes no pueden reaccionar ante la amenaza que sufre la reina por parte del peón negro. En el próximo movimiento, las blancas perderán la reina.

*Las blancas deberán mover el rey para huir del jaque.*

*El peón negro podrá capturar la reina blanca y adiós partida.*

# Final de partida

HEMOS COMPROBADO cómo una partida puede acabar en jaque mate con sólo unos cuantos movimientos, pero hay muchas que no terminan de este modo. En realidad, aunque tu oponente pueda contar con muchas piezas, es posible evitar el jaque mate durante bastante tiempo. El término utilizado, cuando está a punto de acabar una partida y apenas quedan unas piezas, es el «final de partida». Para jugarla con éxito necesitarás conocer unas tácticas especiales.

## Estrategia de final de partida

Un buen juego de final de partida, constituye la marca de un verdadero maestro. Lograr vencer con sólo unas pocas piezas significa que tendrás que adoptar una estrategia completamente nueva. Utiliza las tres reglas de oro que siguen:

*El peón negro que estaba en a7 ha sido «barrido» por la torre.*

**1** Fíjate en este final de partida. Las blancas dominan en puntos, pero no podrán hacer jaque mate rápidamente, en especial porque ambas reinas no están en juego. Las blancas empiezan «intercambiando». El alfil blanco mata el caballo que está en c6, el cual será capturado a su vez por el peón negro que está en b7. Sigue la notación inferior en tu tablero para descubrir el resto del plan de las blancas.

| | |
|---|---|
| 1. | Af3xc6 | b7xc6 |
| 2. | Te1-e7+ | Rg2-f6 |
| 3. | Te7xa7 | d6-d5 |
| 4. | a2-a4 | |

**2** Las blancas han «intercambiado» y «limpiado» y, con el movimiento a2-a4, se disponen a coronar un peón. Las blancas no tardarán mucho en ganar la partida.

### Reglas de oro

**1. Limpiar**
Utiliza tus piezas de más para que «limpien» el tablero de piezas enemigas.

**2. Intercambiar**
Intercambia tus piezas con otras enemigas hasta que a tu oponente le queden sólo el rey y unos peones y a ti aún te queden unidades de lucha.

**3. Coronar un peón**
Haz que uno de tus peones alcance la octava fila. Una nueva reina te hará ganar la partida.

## ¡Tú mueves!

Fíjate en estos dos diagramas. Usando la tres reglas de oro —«limpiar», «intercambiar y «coronar»— elige el movimiento correcto para escapar de estas situaciones de final de partida. (Respuestas en la pág. 43.)

**1** ¿Cuál es el mejor movimiento para las blancas? ¿Cf4-g6+ o Ae6-d7?

**2** ¿Deben las blancas intercambiar las torres o deben eludir el canje?

# La segadora

Aún no hemos demostrado cómo se logra jaque mate con sólo unas pocas piezas. Tienes una gran arma: la «segadora» con la cual podrás aplastar a tu cariacontecido contrario. Las negras tienen dos torres y un rey, y se van a enfrentar a un solitario y desvalido rey. Usando las torres en equipo, es posible lograr un rápido jaque mate.

**1.** `...` `Tg8-g4`

**1** Coloca tus piezas en la posición que muestra esta fotografía y sigue los movimientos indicados por la notación en tu tablero. Sabiendo que es difícil lograr el jaque mate con el rey en medio del tablero, las negras acorralarán el rey blanco.

**2.** `Rd3-c3` `Tb7-h7`
**3.** `Rc3-d3` `Th7-h3+`

**2** Las negras van empujando gradualmente el rey blanco hacia el rincón; ahora ya sólo le quedan tres filas y aún tendrá que retroceder más.

**4.** `Rd3-e2` `Tg4-g2+`
**5.** `Re2-f1`

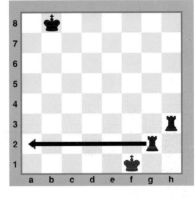

**3** Al fin, el rey ha quedado en el rincón del tablero. ¿Podrá escapar? Pero el lento rey no es enemigo para las veloces torres que se limitan a desplazarse de un lado a otro.

**5.** `...` `Tg2-a2`
**6.** `Rf1-g1` `Th3-b3`
**7.** `Rg1-f1` `Tb3-b1++`

**4** La torre negra mueve a b1 para hacer jaque mate. La torres han trabajado conjuntamente para lograrlo. Estudia cuidadosamente este jaque mate. En ciertos ambientes ajedrecísticos lo llaman «la segadora» porque la acción de las torres se parece a la acción de una cortacésped.

# Otros jaque mates

Puede ocurrir que te quedes apenas sin piezas al final. Una situación bastante frecuente. En realidad, con un rey y una reina, o un rey y una torre, puedes hacer jaque mate si sabes mover el rey.

## Mate con reina

Aquí, el rey blanco ha jugado un papel vital en el ataque. No sólo ha conseguido llevar el rey negro al rincón, sino que también protege la reina mientras ésta da el beso de la muerte.

## Mate con torre

El rey y la torre trabajan aún más estrechamente que el rey con la reina y empujan el rey enemigo paso a paso, hasta acorralarlo a la espera del desenlace fatal.

# ¡Tablas!

A LGUNAS VECES, LA PERICIA DE AMBOS jugadores es
tan similar y quedan tan equilibradas sus fuerzas, que ninguno
puede ganar, con lo que la partida queda en tablas. Hay varias
formas de hacer tablas: que ninguno de los jugadores disponga de
suficientes piezas fuertes o por acuerdo de ambos jugadores, porque
ninguno sepa cómo doblegar a su rival. Sin embargo, según las
normativas, hay otros tres casos de tablas. Son: por piezas ahogadas,
por repetir tres veces la misma jugada y la regla del 50º movimiento.

## Pieza ahogada

Si un jugador no puede mover ninguna pieza, ni siquiera su rey aunque no se encuentre
en jaque, la posición se llama «tablas por ahogo». Aquí el rey negro no puede moverse
excepto cayendo en jaque. No lo está, pero este juego termina en tablas.

### ¡Compruébalo!

En 1993, el Campeonato del Mundo entre
el campeón ruso Gary Kasparov y Nigel
Short de Gran Bretaña, Kasparov estuvo al
borde de la derrota en dos partidas vitales.
Sin embargo, para evitar el desastre y
conservar el título de campeón, elaboró
una brillante defensa que hizo acabar
ambas partidas en tablas.

*Ésta es la mejor posición que las
blancas pueden lograr con sólo la
ayuda de un alfil y un rey contra un
rey. Es imposible conseguir jaque mate.*

### Efectivos insuficientes

Puede darse una situación
en la que no dispongas de
suficientes piezas mayores
para conseguir el jaque mate.
Si sólo quedan los dos reyes,
no pueden hacerse jaque
mate mutuamente. De
forma parecida, tampoco
puedes lograrlo con sólo
un alfil y un rey, o un
caballo y un rey. Sin
efectivos suficientes,
la partida queda en
tablas.

### Forzar el ahogo de una pieza

Algunas veces, antes que
perder, conviene provocar
tablas por ahogo.
Aquí, las blancas, a
punto de sufrir un
jaque mate, hallan
un modo astuto
de hacer tablas.

*La torre blanca se desplaza a través
del tablero y amenaza al rey negro con
un jaque. Las negras se ven obligadas
a capturar la torre con la reina.*

*En el siguiente movimiento, las
blancas no pueden mover ninguna
pieza, incluyendo el rey. Por tanto,
¡tablas! ¡Pieza ahogada!*

### ¡Tú mueves!

¡Menudo apuro! A las blancas les conviene
lograr las tablas; de lo contrario, las negras
no tardarán en hacer jaque mate. ¿Qué
movimiento pueden hacer las blancas
con la torre en g6 para asegurarse unas
tablas? Indicación: desecha la reina.
(Respuestas en la pág. 43.)

# Tablas por repetición

Si una posición se repite tres veces, el juego puede declararse en tablas. Cuando un jugador tiene al otro en jaque sin lograr el jaque mate, se conoce como jaque continuo. Fíjate en esta serie de movimientos.

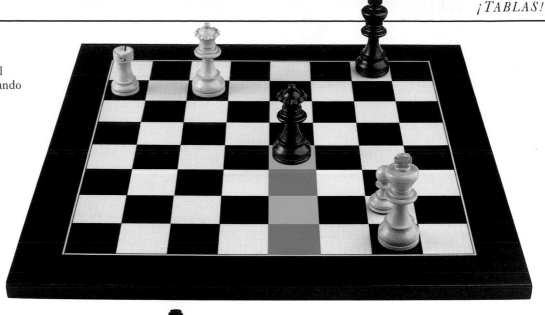

**1** Las negras se hallan en posición desventajosa. Las blancas tienen más puntos y dos piezas fuertes de ataque. Las negras logran tablas mediante un jaque continuo. La reina negra va de e1 a h4 para hacer jaque continuo.

*El rey blanco está obligado a ir a la única casilla posible.*

**2** Las blancas no tienen otra opción que mover rápidamente el rey a un lado para evitar el jaque. Sin embargo, el rey de las blancas aún no está a salvo.

## El tercer caso de tablas

El tercer caso de tablas según el reglamento, ocurre cuando no se ha movido ningún peón y no se ha producido ninguna captura al cabo de 50 movimientos. Como puedes suponer, no ocurre con mucha frecuencia.

**3** La reina negra se mueve en diagonal y no deja de hacer jaque continuo. El rey de las blancas no tiene a dónde ir a menos que retroceda a su casilla anterior. La reina de las negras hará lo mismo colocando nuevamente al rey de las blancas en jaque. Estos movimientos podrían continuar eternamente, con lo que el resultado de esta partida es de tablas por jaque continuo, aun con la desventaja de las negras.

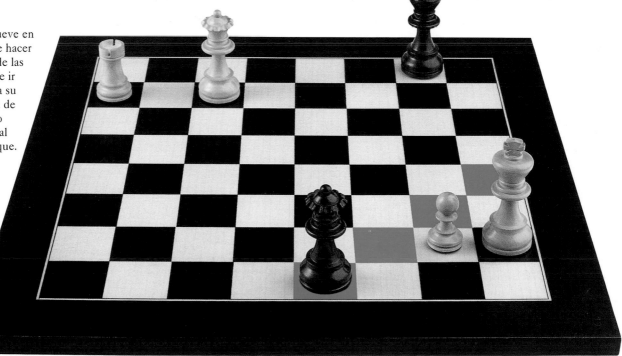

# Diversión para siempre

*Estos niños juegan una partida en una reunión del club escolar de ajedrez.*

**P**UEDES DIVERTIRTE con el ajedrez durante toda tu vida y sólo depende de ti el modo de jugar. Si prefieres relajarte jugando con tus amigos en casa o librar duras batallas en sendos campeonatos, inscribirte en un club de ajedrez puede ser un bonito comienzo. Cuantas más partidas juegues, ya sea en el club de ajedrez, por Internet, con un ordenador o en campeonatos, mejor serás. ¡Así que, coge el tablero, las piezas y empieza a jugar!

## Clubes de ajedrez

En los clubes de ajedrez puedes practicar tus habilidades y técnicas contra una gran complejidad de oponentes, al tiempo que gozarás de los consejos del profesor. Algunos clubes invitan a jugadores famosos para que ofrezcan charlas y demuestren su habilidad. La inscripción en un club escolar de ajedrez ha sido el punto de partida de numerosos grandes jugadores ¡incluido yo! Si formas parte del equipo de la escuela, podrás participar en partidas contra otras escuelas. Jugar con la mayor variedad posible de oponentes, ayudará a mejorar tu capacidad.

## Campeonatos

Participar en un campeonato de ajedrez significa jugar de una manera mucho más seria. Al ser un campeonato, no se permite ninguna ayuda por parte de otras personas, y tienes un tiempo determinado para realizar tus movimientos. En esta fotografía (izquierda), los dos chicos de delante juegan para ganar un premio en metálico en uno de los campeonatos de ajedrez más importantes del mundo: el Campeonato de Ajedrez del Reino Unido.

## La Olimpiada Deportiva Mental

La Olimpiada Deportiva Mental son los Juegos Olímpicos de todos los deportes que requieren agilidad mental. Abarcan centenares de juegos, incluidos el backgamon, el bridge, juegos de memoria y pruebas de velocidad de lectura. El ajedrez constituye una parte muy importante de la agenda. La Olimpiada se celebra anualmente en Londres y pueden participar en ella jugadores de cualquier país. Se conceden medallas de oro, plata y bronce a los participantes jóvenes y adultos más destacados.

## Campeonatos mundiales

A Gary Kasparov se le considera el mejor jugador del mundo y así lo ha demostrado con su título de Campeón del Mundo en numerosas ocasiones. La FIDE (Federación Internacional de Ajedrez) organiza un Campeonato Mundial anual, pero con el auge que disfruta el ajedrez en todo el mundo, se le han sumado otros, como el Campeonato Júnior Mundial para chicos y chicas. Internet se ha convertido en otro factor de emoción y Kasparov ha organizado un Campeonato Mundial de Escuelas en Internet celebrado por primera vez en este año 2000.

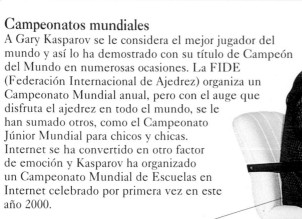

*Cualquier partida del Campeonato del Mundo se juega bajo condiciones muy estrictas y en presencia de un árbitro.*

G.KASPAROV    A. KARPOV

GROUPE
GENERALE
DES EAUX

*Kasparov y Karpov en la fotografía, lucharon por el título durante ocho años.*

*Estas personas se han vestido como piezas de ajedrez y se han repartido sobre un tablero al aire libre.*

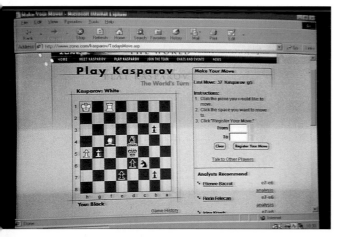

### Ajedrez alternativo

El ajedrez no es preciso que se juegue a puerta cerrada. Hay quien le gusta jugarlo al aire libre, en un parque o sobre un tablero gigante. Las personas de la fotografía juegan con un «ajedrez humano» vestidas como las piezas para prestarle mayor realismo. Puedes jugar al ajedrez en el parque, en un tren, en el coche, al aire libre, en una habitación... ¡donde quieras!

*Puedes establecer el nivel que prefieras según tu capacidad.*

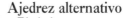

### Ajedrez informático

Los tableros informáticos de ajedrez vienen en distintos tamaños y formas, desde el «Deep Blue», un ordenador diseñado para derrotar a Gary Kasparov, hasta los que mostramos aquí. Estos pequeños ordenadores son baratos y útiles, y pueden ser unos oponentes formidables.

### Ajedrez en Internet

Internet es un gran recurso para los jugadores de ajedrez. Hay una gran variedad de direcciones electrónicas donde elegir que te permitirán encontrar jugadores de todos los rincones del mundo. La página que mostramos aquí pertenece a la web que organizó «El Mundo contra Kasparov» en el cual todo el mundo podía seleccionar un movimiento jugando contra Kasparov. El juego acabó con la victoria de éste.

*Entras la notación de tu movimiento y el ordenador replica con el suyo. Puedes mover personalmente las fichas en el tablero.*

# Glosario

Durante la práctica o cuando contemples alguna partida, te será de utilidad entender algunas de las siguientes palabras o frases.

## A

**Alfil.** Una pieza que sólo se mueve en diagonal. Cada ejército cuenta con dos alfiles.

**Apertura.** La primera fase del juego: cuando las piezas se colocan en posición antes de dar comienzo a ningún ataque.

**Ataque doble.** Cuando una pieza ataca a más de una enemiga al mismo tiempo.

## C

**Caballo.** La única pieza que no se mueve en línea recta. Los dos caballos de cada lado se mueven en forma de L.

**Captura.** Cuando una pieza se apodera de otra enemiga. La primera ocupa la casilla de la segunda, la cual sale del tablero.

**Captura (matar) al paso.** Un movimiento en el que un peón que ha adelantado dos casillas en su movimiento inicial, puede ser capturado por un peón enemigo colocado al lado, aunque sólo se haya movido una casilla.

**Columna.** Una hilera recta de casillas en sentido vertical, es decir, de un jugador a otro.

**Columna abierta.** Una columna en la cual no hay peones de ningún color.

**Columna semiabierta.** Una columna con un peón o peones del mismo color.

**Coronar.** Cuando un peón se convierte en reina, caballo, torre o alfil al llegar a la octava fila.

## D

**Desarrollo.** Adelantar una pieza desde tu formación hacia una posición central para atacar.

**Diagonal.** La dirección en el tablero que va en sentido diagonal.

**Diagrama.** El dibujo de un tablero con las piezas en un lugar determinado para demostrar posiciones específicas.

## E

**Efectivos.** Todas las piezas del tablero salvo el rey.

**Enroque.** Un movimiento especial combinado en el que el rey se mueve dos casillas hacia una torre y ésta salta por encima para colocarse al lado del rey.

**Estrategia.** La planificación de los movimientos a largo plazo en lugar de tácticas y acciones a corto plazo.

## F

**Filas.** Una línea de casillas horizontales que van de un lado a otro del tablero.

**Final de partida.** La fase final del juego cuando sólo quedan unas pocas piezas.

**Flanco de reina.** Las columnas más cercanas a la reina: la a, b y c, a veces también se incluye la d.

**Flanco de rey.** Las columnas más cercanas al rey: las f, g y h; (a veces también se incluye la e).

## G

**Gambito.** Al principio de la partida, sacrificio de algún peón o pieza para lograr una posición favorable.

**Gran Maestro Internacional.** Un rango superior al Maestro Internacional. Uno de los jugadores mejores del mundo.

## I

**Intercambio.** Un intercambio de piezas.

## J

**Jaque.** Ataque al rey.

**Jaque mate.** Una situación en la que el rey se halla en jaque y no puede escapar. Por tanto, fin de la partida.

**Jaque continuo.** Una serie de jaques que conducen a tablas.

**Jugada ilegal.** Un movimiento contrario a las reglas del ajedrez.

## M

**Maestro Internacional.** Título de reconocimiento internacional por su gran pericia como jugador de ajedrez.

**Mate.** Abreviatura de jaque mate.

**Mate del pastor.** Un jaque mate en cuatro movimientos que suele ser frecuente entre principiantes.

**Mate del principiante.** El juego más corto posible que acaba en jaque mate.

**Media partida.** La fase del juego entre la apertura y el final del mismo.

**Movimiento ilegal.** Un movimiento contrario a las reglas del ajedrez.

## N

**Notación.** Método de registro de los movimientos de una partida. Puede ser algebraica (e2-e4) o descriptiva (P4R)

## P

**Peón.** El soldado de a pie o de infantería. Cada ejército cuenta con ocho peones.

**Pieza.** En general, un miembro del ejército. A veces utilizado en el contexto, una pieza puede referirse al rey, a la reina, al alfil, caballo o torre como opuestos a los peones.

**Pieza ahogada.** Una posición en la cual el rey no se halla en jaque, pero el jugador no dispone de un posible movimiento legal. Esta posición se traduce en tablas.

**Pieza clavada.** Ataque sobre una pieza que, si se mueve, deja otra pieza más valiosa a punto de captura.

## R

**Reina.** La pieza más poderosa del tablero. Cada ejército tiene una y puede moverse en sentido horizontal, vertical o diagonal. Denominada también Dama (D).

**Reloj de ajedrez.** Un reloj de doble esfera que mide el tiempo que tarda cada jugador en hacer un movimiento, a fin de que el juego no se eternice.

**Rey.** La pieza más importante del juego. El objetivo final de éste es capturar el rey enemigo.

## S

**Sacrificio.** Perder piezas sin intercambio a fin de defenderse de un ataque u obtener una ventaja.

## T

**Tablas.** Una partida que no puede ser ganada por ninguno de los dos contendientes.

**Tácticas.** El arte de la doble o múltiple amenaza.

**Tanteo.** El registro escrito usualmente en una hoja de tanteo de la anotación de los movimientos de una partida.

**Torre.** Cada ejército tiene dos torres parecidas a las de los castillos. Se mueven en línea recta a lo largo de las filas y las columnas.

# Respuestas

**Pág. 13: Notación algebraica**

Blancas: La reina está en c1
El alfil en g2
El peón en d4

Negras: El rey está en e8
El caballo en b6
La torre en h5

**Pág. 14: Peones**
Los peones de las blancas pueden capturar el caballo en d4, el alfil en b4 y el peón en e5.

**Pág. 16: Alfiles**
El alfil se mueve de cualquiera de las siguientes maneras: f6, d8, b6, a5, c3, e1, f2, g3 o f6, d8, b6, f2, g3, e1, c3, a5.

**Pág. 17: Caballos**
El caballo salta a cualquiera de las siguientes posiciones: d6, f5, g7, e6, d8, f7 o d6, f7, d8, e6, g7, f5.

**Pág. 18: Torres**
La torre se mueve en el siguiente orden: f5, f3, g3, c3, h7, f7, d7, b7, b4.

**Pág. 21: Rey**
La torre de las blancas se mueve a h8 para hacer jaque mate.
El alfil de las blancas se mueve a d5 para hacer jaque mate.
La reina de las blancas se mueve a c7 para hacer jaque mate.

**Pág. 25: Notación**
Los cuatro movimientos se anotan como sigue:
b2xa3, Ce2xg1, g4-g5 y Ac5-d6+.

**Pág. 27: Apertura**
a. Peón a e4: Buen movimiento
b. Peón a h4: Mal movimiento porque pone un peón en peligro
c. Caballo a h3: Mal movimiento. Mueves un caballo (Regla 2), pero lo colocas en peligro.

**2.**
a. Alfil a b5: Mal movimiento. Ya has movido el alfil una vez.
b. Caballo a a3: Mal movimiento. Nuevamente has movido un caballo, pero lo has puesto en peligro.
c. Peón a d3: Buen movimiento. Coloca a un peón en el centro y libera al alfil de c1.

**3.**
a. Caballo a f3: Mal movimiento. Tienes un caballo cerca del centro (Regla 2), pero pierdes el peón e4, amenazado por el alfil de las negras en b7. ¡Conserva tus piezas! (Regla 4).
b. Peón a e5: ¡Malo! Sólo has de mover cada pieza una vez (Regla 3).
c. Caballo mueve a c3: ¡Muy buena! Ganas una pieza (Regla 2) y defiendes al peón en e4 (Regla 4).

**Pág. 31: Técnicas básicas**
1. Las blancas pueden hacer las siguientes capturas:
Rf4xe3 (1 punto), Rf4xf3 (3 puntos), Rf4xg3 (3 puntos), b5xa6 (3 puntos), Cd7xf6 (5 puntos), Ab3xg8 (9 puntos), la mejor captura.

2. Dd3xf5: ¡Muy mala! Las negras pueden capturar luego la dama con un peón.
g3xh4: Buen movimiento, porque las negras sólo pueden capturar un peón y las blancas han ganado un alfil.
Tc3xc7: Un intercambio, ya que las negras pueden capturar tu torre con la torre negra que está en h7.
Aa3xf8: Las blancas ganan la reina de las negras. El rey de las negras capturará el alfil de las blancas, pero la ganancia para las blancas es de 6 puntos. De ahí que sea la mejor captura.

3. Los nueve movimientos seguros para las blancas son: Df2-g1, Rf1-g1, Tc1-c3, Tc1-a1, Cb3 a1, Df2 e1, Rf1-e1, h2-h4, Ae2-b5.

4. Td1-d4: Segura
Af4xc7: Nada segura
Td1-d7: Completamente segura
Af4-e5: Completamente segura

**Pág. 32: Ataque y defensa**
1. Las blancas pueden llevar a cabo las siguientes amenazas:
Af2-b6 atacando a la torre en d8.
Tc1-c7 atacando al peón en b7.
Tf1-g1 atacando a la reina en g7.
Af2-h4 atacando a la torre en d8.

**2. Los seis movimientos amenazadores son:**
Df2-f7 atacando al alfil en e7.
Cg3-f5 también atacando al alfil en e7.
Td1-d5 atacando a la reina en c5.
c2-c4 atacando al caballo en b5.
Cg3-e4 atacando a la reina a c5.
Df2-f3 atacando a la torre en a8.
¡Si los ha acertado todos, felicidades!

**Pág. 33: Ataque y defensa (continuación)**
1. Apoyo: Rg1-g2, Rg1-h2, Tc1-c3.
Contraataque: Tc1-c7 ataca al caballo en b7, Tc1-c8+ ataca al rey en g8.
Movimiento: Ch3-g5 mueve al caballo a un cuadrado completamente seguro.

2. Movimiento: De3-e2, De3-e1, De3-b6.
Bloqueo: f2-f4.
Contraataque: También f2-f4, atacando al caballo en e5 y al alfil en g5; Ag2-d5+ ataca al rey en g8.

**Pág. 36: Fin de partida.**
1. El mejor movimiento para las blancas es Ae6-d7 ya que en el próximo movimiento, el alfil puede «barrer» al peón en b5 y coronar, asegurando la victoria.

2. Sí. La blanca debería capturar la torre y, a la vez, ser capturada. Entonces, las blancas podrán coronar un peón en la columna h.

**Pág. 38: ¡Tablas!**
Tg6-g3. El próximo movimiento de las negras ha de ser capturar la torre que tiene en jaque al rey. Así las blancas no pueden mover el rey ¡Pieza ahogada!

# Índice

# Direcciones útiles

**Federación Española de Ajedrez**
Coslada, 10 4° Dcha.
28020 MADRID

**Federación Catalana de Ajedrez**
Gran Via de les Corts Catalanes, 594 7-1
08007 BARCELONA
E-mail: fc@mail.seric.es

**Federación Balear de Ajedrez**
Pedro Alcántara Peña, 13 - 1°
07006 PALMA DE MALLORCA

**Federación de Ajedrez
de la Comunidad Valenciana**
Pl. San Nicolás, 2
Palacio Santa Bàrbara
46001 VALENCIA

**Federación Andaluza de Ajedrez**
Benidorm, 5
41001 SEVILLA
E-mail: faa@net64.es

**Federación Madrileña de Ajedrez**
Payaso Fofó s/n
28018 MADRID
E-mail: fma@net64.es

**Federación Vasca de Ajedrez**
Koldo Eleizalde, 20 - 1°
20570 BERGARA (Guipuzcoa)

**FIDE
Federation Internationale des Échecs**
The Secretariat
Avenue Beaumont 9
ch-1012 Lausanne 4
SWITZERLAND

## Webs interesantes

**FEDA: Federación Española de Ajedrez**
www.feda.org

**FIDE Federation Internationale des Échecs**
www.data.ru/fide

**Federación Catalana de Ajedrez**
www.fcde.com

**Librería de Ajedrez**
La mayor exposición de libros
y manuales de ajedrez
www.escacs.com/libreriacatalan

**El ajedrez en la red:**
Campeonato de España
interescolar por la red
www.educared.net

## Agradecimientos

Dorling Kindersley desea dar las gracias especialmente a Caroline Greene, Amanda Rayner, Lee Simmons y Penny York por su ayuda editorial; a Jacqueline Gooden, Tory Gordon-Harris, Rebecca Johns y Tassy King por su ayuda en el diseño; a Hilary Bird por preparar el índice; y a Giles Powell-Smith por el diseño de la cubierta.

### Créditos de las ilustraciones

Dorling Kindersley agradece el permiso para reproducir las siguientes fotografías:
clave: *a = arriba;  b = abajo;  c = centro;  d = derecha;  i = izquierda.*
**AKG London:** *22ad.* **Allsport:** Chris Cole *38ad;* John Gichigi *40b.*
**Michael Basman:** *8ci, 8cd, 40ad.* **Bridgeman Art Library,
London/New York:** *12ad, 20ad;* Royal Asiatic Society, London *9ad.*
**Camera Press:** *9ca.* Christie's Images Ltd. 1999: *9ci.*
**Mary Evans Picture Library:** *14ad.* **Mark Huba:** *9bi, 41ad, 41ci.*
**Hulton Getty:** *24ad.* **Rex Features:** *9cd, 8bd,* Tony Kyriacou *41 cib.*
**Telegraph Colour Library:** Peter Adams *18ad.*

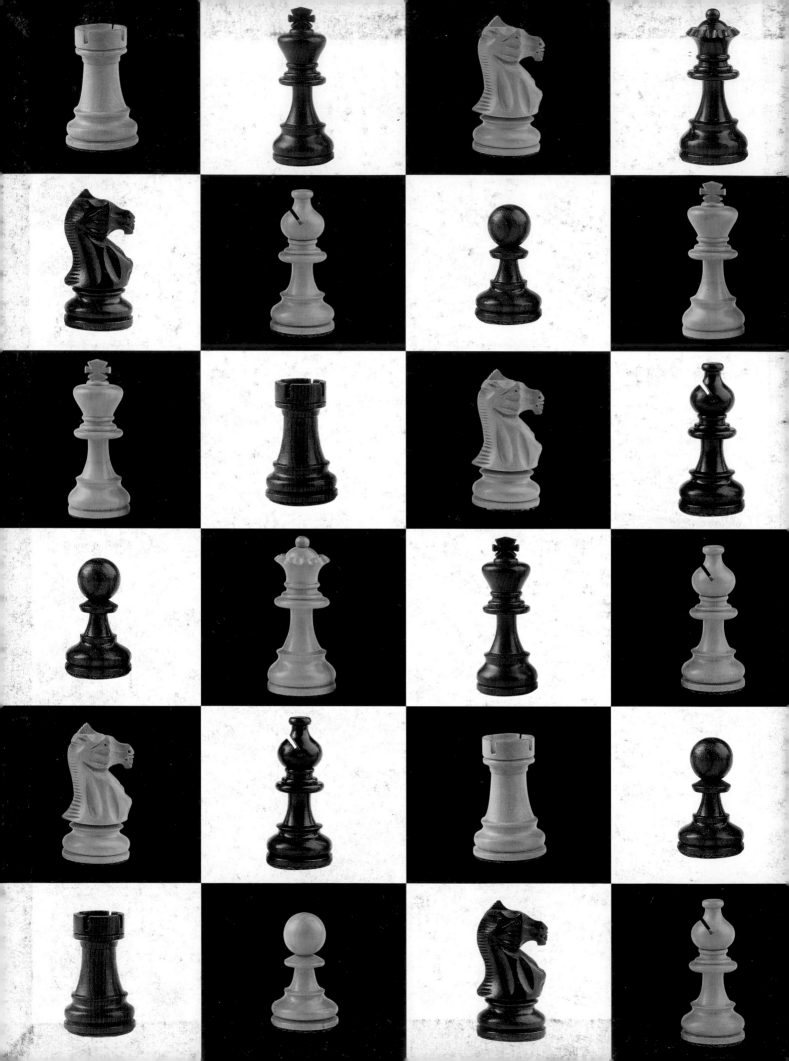